DIMENSIONI
DELLO SPIRITO

Bernardo Gianni

LA CITTÀ DAGLI ARDENTI DESIDERI

Per sguardi e gesti pasquali nella vita del mondo

LIBRERIA EDITRICE VATICANA

SAN PAOLO

Alla memoria di mio padre Osvaldo

Piazza Soncino, 5 - 20092 Cinisello Balsamo (Milano)
www.edizionisanpaolo.it
Distribuzione: Diffusione San Paolo s.r.l.
Piazza Soncino, 5 - 20092 Cinisello Balsamo (Milano)

ISBN 978-88-922-1930-4

Ricordate? Levò alto i pensieri,
stellò forte la notte,
inastò le sue bandiere
di pace e d'amicizia
la città dagli ardenti desideri
che fu Firenze allora...
Essere stata
nel sogno di Lapira
"la città posta sul monte"
forse ancora
la illumina, l'accende
del fuoco dei suoi antichi santi
e l'affligge, la rode,
nella sua dura carità il presente
di infamia, di sangue, di indifferenza.

Non può essersi spento
o languire troppo a lungo
sotto le ceneri l'incendio.
Siamo qui per ravvivarne
col nostro alito le braci,
ché duri e si propaghi,
controfuoco alla vampa
devastatrice del mondo.
Siamo qui per questo. Stringiamoci la mano,
sugli spalti di pace, nel segno di San Miniato.

INTRODUZIONE

Siamo qui per questo

Mi sono permesso di invitare tutti voi sulla collina a oriente di Firenze, consacrata da secoli e secoli alla venerazione del protomartire armeno Miniato: da lassù è veramente possibile uno sguardo di grazia, di gratitudine, di mistero sulla città. Il suo più volte sindaco, che noi fiorentini ci permettiamo di indicare da anni come "il sindaco santo", Giorgio La Pira, nato nel 1904 e morto nel 1977, deputato della Costituente italiana, terziario domenicano, chiamava quella collina "luogo della geografia della grazia", intensa espressione che viene a dirci come da lì, forse, veramente, si può avvertire una traccia, un indizio di come Dio abiti la città.

Occorre uno sguardo di fede, per accorgersene. E, proprio per questo, vorrei iniziare evocando una delle collette previste nel Messale romano per la Prima domenica di Quaresima:

> Signore nostro Dio, ascolta la voce della Chiesa che ti invoca nel deserto del mondo: stendi su di noi la tua mano, perché nutrìti con il pane della tua parola e fortificàti dal

tuo Spirito, vinciamo con il digiuno e la preghiera le continue seduzioni del maligno.

Uno sguardo dall'alto, dunque: non certo per cadere nelle tentazioni del maligno, che vorrebbe quasi farci possedere le cose di questo mondo, dominarle, condizionarle; ma viceversa, uno sguardo suscitato dallo Spirito Santo, dalla Parola del Signore, uno sguardo di contemplazione, di gratitudine, di vigilanza se necessario, di profezia. Uno sguardo, questo, che non fatica a riconoscere come tante – troppe volte! – le nostre città sono davvero un deserto.

Mario Luzi – grande poeta italiano che san Giovanni Paolo II invitò nel 1999 a scrivere le meditazioni per la Via Crucis al Colosseo – usa nella lirica che abbiamo posto in apertura delle nostre pagine questa potente espressione: un «presente / di infamia, di sangue, di indifferenza». Espressioni così forti che meriteranno un'intera meditazione, lasciandoci intendere che, nella città, spesso, al posto delle dune di sabbia di un deserto, sta la cenere, polverosa, inerte, senza più vita; la cenere di un fuoco che sembra non ardere più. Dov'è ormai quel desiderio infuocato con cui il poeta qualifica "la città che fu", al tempo di Giorgio La Pira? Aperta, accogliente, fraterna: un luogo che il grande sindaco aveva saputo rileggere, lo vedremo, in uno sguardo capace di assimilarla a niente di meno che alla Gerusalemme prediletta dal Signore; alla Gerusalemme amata dai profeti; alla Gerusalemme celeste, attesa, desiderata e contemplata dal visionario dell'Apocalisse. Una città che, con l'amore della Chiesa – come tutte le città di questo mondo –, con la santità della Chiesa *può* tornare, *deve* tornare ad accendersi del fuoco dell'amore. Questo è il modestissimo contributo che, dal cuore, vorrei consegnare a ciascuno di voi: uno sguardo di mistero su Firenze, ma allo scopo di ottenere che il nostro agire pastorale, il nostro prenderci cura delle persone che ci sono affidate, del popolo, direi dell'umanità tutta che ci è affidata dal Signore, possa riscoprirsi di nuovo fiamma viva di ardente desiderio e tornare a essere un giardino di bellezza, di pace, di giustizia, di misura, di armonia.

Il sottotitolo, poi, vorrebbe essere questo: *Per sguardi e gesti pasquali nella vita del mondo*. Dove questa vita – mi sia permesso di dirlo – lo è nella misura di Cristo, nella misura del Vangelo. San Bernardo, commentando il Salmo 90, ha un'immagine bellissima: «*Vivida vita et vitalis*», una vita vivida, vitale, capace cioè di suscitare ulteriormente vita. Questo è l'orizzonte della nostra testimonianza e del nostro agire possibilmente pasquale; anzi, per grazia e per mistero, necessariamente pasquale. Innanzitutto, grazie a una riscoperta adorante, contemplativa, misteriosamente aperta a riconoscere le tracce e gli indizi che il Signore non si stanca di lasciare nel suo passaggio in questa nostra storia, in questa nostra vita. È molto importante fare memoria di un'espressione di sintesi, ma di grande pregnanza, di un mistico del Medioevo, Riccardo di San Vittore. Egli dice, in un latino molto semplice:

«*Ubi amor ibi oculus*», dove c'è amore, lì c'è uno sguardo. È lo sguardo cantato da Mario Luzi nella sua poesia, è lo sguardo di Giorgio La Pira sulla città di Firenze; è, direi, lo sguardo del Signore Gesù su Gerusalemme e su tutti quelli che incontrava: uno sguardo generato dall'amore, dischiuso dall'amore sulla vita degli altri perché fosse «*vita vivida et vitalis*».

Questa prospettiva non può che immettere nella nostra storia una dinamica pasquale e anche renderci attenti e consapevoli che il momento storico è grave: non vogliamo certo essere profeti di sventura; solo, mi permetto di fare mie le parole con cui papa Francesco ha salutato, nel gennaio 2019, l'anniversario di fondazione della Pontificia Accademia per la Vita. Egli ci ha avvertito su come il respiro universale della fraternità, che cresce nel reciproco affidamento all'interno della cittadinanza moderna, come anche fra i popoli e le nazioni, appare molto indebolito. Proprio la forza di tale fraternità, che l'adorazione di Dio in spirito e verità genera tra gli umani, è la nuova frontiera del cristianesimo. C'è un passaggio molto bello, davvero di intonazione pasquale, che mi permetto di consegnarvi per dirvi l'accordo, la misura, il suono dominante di questa settimana per la quale ringrazio il Signore e il Santo Padre. Ogni dettaglio della vita del corpo e dell'anima in cui lampeggiano l'amore e il riscatto della nuova creatura che si va formando in noi – mi piace moltissimo questo *lampeggiare* dell'amore: di nuovo la luce, il fuoco – sorprende come vero e proprio miracolo di una risurrezione già in atto. «Il Signore ci doni di moltiplicare questi miracoli», ci dice il Santo Padre.

Questa è l'indole pasquale di uno sguardo contemplativo che, dall'alto, si schiude sulla città, perché il nostro occhio si addestri, con la forza dello Spirito Santo, ad amarla sempre di più, come sapeva amare il Signore Gesù la sua città, così come anche Egli visitava le città.

Quando era ancora cardinale arcivescovo a Buenos Aires, il nostro Papa, in una meditazione dell'agosto 2011, aveva così ricordato Zaccheo: «La buona notizia è che il Signore è entrato nella *nostra* città, come in quella di Zaccheo, e questo ci dà slancio e ci spinge a uscire per le strade».

Dunque, Firenze è una città visitata dal Signore per la sua bellezza, ne siamo consapevoli. Ma il nostro sguardo non vuole essere "turistico", di semplice contemplazione di uno splendore tutto sommato potenzialmente fine a se stesso; deve invece posarsi su una bellezza che riaccende una passione, un desiderio. E allora ho bisogno davvero – e mi permetterete una nuova citazione – del sindaco La Pira, il quale immagina di condurre l'innominata badessa di un monastero di clausura – come in un certo senso io mi permetto di condurre tutti voi – proprio sulla collina di San Miniato. Mostrandogliela idealmente, così le scrive, negli anni Cinquanta:

> Ciò che accomuna questo esercito di santi e di beati fiorentini è il loro «legame» organico con la città: fanno parte

essenziale della storia di Firenze e ne definiscono la vocazione e la missione: sono proprio essi, in certo modo, a determinare il posto di Firenze nella storia della Chiesa e nella storia dei popoli e delle civiltà. Quale questo posto, questa vocazione, questa missione? Ecco, Madre Reverenda, io vorrei poter rispondere così: guardi Firenze dalla collina di San Miniato e mi dica: non Le pare il riflesso in terra della città del cielo? Lo specchio terrestre della Gerusalemme celeste? C'è nel mondo delle nazioni cristiane e non cristiane una città comparabile – per bellezza «teologale» – a questa città? Vi è città in cui Dio abbia profuso tutti insieme, quasi contemporaneamente, gli uni legati e ordinati agli altri, tanti doni mistici ed artistici quanti ne ha profuso in Firenze? Si può dire davvero: *alla quale han posto mano e cielo e terra!* [...] *Urbs perfecti decoris gaudium universae terrae*: si può bene ripetere per Firenze ciò che disse Geremia di Gerusalemme[1].

«*Urbs perfecti decoris gaudium universae terrae*»: una città di perfetta bellezza, gioia di tutta la terra. Santità, gioia, bellezza, universalità: questo, penso, sia davvero il senso dell'umanesimo che Firenze ha generato, quello che vorrei proporvi con queste parole fondamentali della nostra testimonianza cristiana: santità, gioia, bellezza, ma anche universalità, quella cattolicità che ci invita a sconfinare continuamente, incessantemente, per risvegliare in ogni uomo e in ogni donna il desiderio di una ritrovata misura e armonia fondata sull'amore che, come desiderio

[1] G. La Pira, *Lettere alle claustrali*, Vita e Pensiero, 1978. Tutte le citazioni riguardanti la missiva alla misteriosa badessa sono tratte da questo testo.

ardente, restituisce dignità e speranza evangelica al nostro vivere.

Papa Francesco ce lo ha ricordato chiaramente il 10 novembre del 2015, proprio sotto la grande cupola fiorentina, dettandoci con estrema chiarezza cosa possa voler dire oggi «autentico umanesimo»: umanesimo di bellezza, di misura, ma soprattutto di carità.

> Possiamo parlare di umanesimo solamente a partire dalla centralità di Gesù, scoprendo in Lui i tratti del volto autentico dell'uomo. È la contemplazione del volto di Gesù morto e risorto che ricompone la nostra umanità, anche di quella frammentata per le fatiche della vita, o segnata dal peccato. Non dobbiamo addomesticare la potenza del volto di Cristo. Il volto è l'immagine della sua trascendenza. È il *misericordiae vultus*. Lasciamoci guardare da Lui. Gesù è il nostro umanesimo. Facciamoci inquietare sempre dalla sua domanda: «Voi, chi dite che io sia?» (Mt 16,15).

«Lasciamoci guardare da Lui» per imparare a guardare come Lui guardava. Così accadde al giovane ricco: Gesù fissatolo, lo amò. Mentre per Zaccheo si trattò di un incrocio di sguardi: quello dell'uomo salito su un albero pur di vedere il Signore, e quello di Gesù che *alzò* gli occhi per andargli incontro. Né possiamo mancare di ricordare Luca 19,41ss:

> Quando fu vicino, alla vista della città pianse su di essa dicendo: «Se avessi compreso anche tu, in questo giorno, quello che porta alla pace! Ma ora è stato nascosto ai tuoi

occhi. Per te verranno giorni in cui i tuoi nemici ti circonderanno di trincee, ti assedieranno e ti stringeranno da ogni parte; distruggeranno te e i tuoi figli dentro di te e non lasceranno in te pietra su pietra, perché non hai riconosciuto il tempo in cui sei stata visitata».

Proprio questo è lo sguardo che Riccardo di San Vittore ha sintetizzato come «*ubi amor ibi oculus*»: accorgerci che il Signore ci visita. Ed evocando sant'Agostino: «"Ho paura di Dio, di Gesù, quando passa" – "Ma perché hai paura?" – "Ho paura di non riconoscerlo"». Il 17 novembre 2016, a Santa Marta, il Papa ha commentato questa frase dicendo: «Se tu non stai attento al tuo cuore, mai saprai se Gesù ti sta visitando o no», alludendo alla cura della propria interiorità, a un cuore attento, in conversione, che faccia memoria e, facendola, si apra a riconoscere la presenza di Dio in questa nostra storia, che a sua volta si dovrà aprire a speranze ardenti, inedite e inaudite.

Questa la missione che dovrebbe essere quella propria della vita consacrata (e anche di quel monachesimo capace di un'autentica contemplazione, che non divorzia cielo e terra, storia ed eternità e, naturalmente, umanità e divinità): una visione semplice e, insieme, profetica, dove teniamo il Signore davanti agli occhi e fra le mani. E non serve altro. La vita è Lui, la speranza è Lui, il futuro è Lui. «La vita consacrata è questa visione profetica nella Chiesa: è *sguardo* che vede Dio presente nel mondo, anche se tanti non se ne accorgono». Così ha detto papa

Francesco il 2 febbraio 2019, parlando a noi consacrati. Sono parole che possono risuonare per tutti, perché nel nostro servizio alla vita pasquale del mondo, nella testimonianza in Cristo, noi per primi ci accorgiamo del Suo passaggio nelle città del nostro tempo.

Amen.

IL SOGNO DI LA PIRA

11 marzo – mattina

Alzati, rivestiti di luce, perché viene la tua luce,
la gloria del Signore brilla sopra di te.
Poiché, ecco, la tenebra ricopre la terra,
nebbia fitta avvolge i popoli;
ma su di te risplende il Signore,
la sua gloria appare su di te.
Cammineranno le genti alla tua luce,
i re allo splendore del tuo sorgere.
Alza gli occhi intorno e guarda:
tutti costoro si sono radunati, vengono a te.
I tuoi figli vengono da lontano,
le tue figlie sono portate in braccio.
Allora guarderai e sarai raggiante,
palpiterà e si dilaterà il tuo cuore,
perché l'abbondanza del mare si riverserà su di te,
verrà a te la ricchezza delle genti.

Così Isaia canta lo splendore di Gerusalemme nel capitolo 60 del suo libro. Questi versetti possono davvero illuminarci anche circa il citato sogno di La Pira. Lui ha sognato precisamente questo per la sua città: «*Urbs perfecti decoris gaudium universae terrae* – Gioia universale per tutta la terra è la sua bellezza». È proprio questo che, insieme a una vocazione di accoglienza e di fraternità universale, restituisce – come è stato per Gerusalemme – anche a Firenze e, in realtà, a ogni città del mondo, la sua vera vocazione: essere esperienza misteriosa e autentica di grazia, di un amore grande che rende coesa la cittadinanza, finalmente animata da ardenti desideri, da grandi speranze.

Questa prospettiva ci riporta alla creazione stessa dell'uomo e della donna. Il nostro Papa ce lo ha ricordato, sempre nel già citato messaggio per l'anniversario della Pontificia Accademia per la Vita, dicendo che la comunità umana è il sogno di Dio fin da prima della creazione del mondo: «La comunità umana è il sogno di Dio». Potremmo quasi dire che Giorgio la Pira ha sognato il sogno di Dio. Non per gioco di parole, perché in questo suo sogno, in questa sua passione, sovente incompresa anche da uomini di Chiesa del suo tempo, oltre che da ampi settori della cittadinanza, risiedeva un'altissima percezione del mistero che abita ogni città, così come del mistero che abita il cuore di ogni uomo e di ogni donna. Per questo, tale sogno è diventato, nella poesia di Mario Luzi e nel suo invito alla memoria – invito tipicamente quaresimale –, la ragione per cui Firenze e, attraverso di essa, idealmente tutte le città del mondo possono riscoprirsi quella medesima posta sul monte. Così fungeranno, con la propria luce di fuoco e di carità, da punto di attrazione per l'umanità intera; e da spazio di riconciliazione, di pace, di incontro – pieno di stupore e di contemplazione – con quel mistero che pare adesso nascosto sotto la cenere e che, come Chiesa appassionata di Cristo, vorremmo ancora guizzasse. Di questo fuoco, con la fiamma pasquale, nella Veglia santa di Risurrezione, daremo per grazia e per mistero un annuncio, segno di vita e di speranza a un mondo che si condanna troppe volte per disperazione e rassegnazione a tenebre che si credono ormai invincibili.

È dunque bene insistere sul sogno di Giorgio La Pira: egli prova a spiegarlo da par suo all'interlocutrice già presentata, madre reverenda di un imprecisato monastero sulle colline fiorentine. Mi perdonerete se la mia condizione monastica ha preferito scegliere del vasto epistolario lapiriano proprio le lettere rivolte a donne che apparentemente sembrano inutili, improduttive ma che, in questa visione organica della città, hanno un ruolo fondamentale, come fossero un cuore nascosto, invisibile, ma palpitante, decisivo nel tenere desto lo scorrere indecifrabile della grazia di Dio – sperimentabile, però, solo con sguardo contemplativo. Poco prima di sentirsi chiamato e, di fatto, essere eletto al servizio di sindaco della sua città, dunque, Giorgio La Pira, interrogandosi su quale senso potesse avere l'essere lui responsabile di una città come Firenze, scriveva:

> Vede, Madre Reverenda, io penso che bisogna fare di Firenze quanto il Signore dice – nella Sacra Scrittura – a

proposito di Gerusalemme: fare, cioè di questa città bellissima (bellezza teologale!), il centro di attrazione dei popoli del Mediterraneo, dell'Africa nera, degli altri popoli nuovi di Asia. [...] Ecco il «programma» che sarà svolto a Firenze, se il Signore mi chiamerà ad assumerne la guida: fare di questa città cristiana, tanto prestigiosa, il punto di attrazione di tutta la terra! Ardimento quasi presuntuoso? No: atto di fede: semplice applicazione storica ad una città – che Dio ha collocata sulla cima più alta della civiltà cristiana – delle parole divine del Salvatore: *...attrarrò tutto a me!* [...] Firenze cristiana che attrae a sé tutte le città e tutti i figli della terra: a che fine? Per diffondere su di essa la grazia, la bellezza, la luce, di cui Dio l'ha arricchita. Poesia? Sogno? Non importano le parole: i fatti restano; questa attrazione della città cristiana esiste e diventa ogni giorno più efficace e potente.

Avete ascoltato questa sorta di ministerialità universale, così vorrei chiamarla, di una città oggettivamente bella e speciale come Firenze: ministerialità universale allo scopo della diffusione sulla terra di "grazia, bellezza e luce". Sia chiaro: nessuna prospettiva angusta e municipale, peggio ancora campanilistica, come si dice in Italia, da parte di Giorgio La Pira; ma la volontà di condividere quella bellezza, di farla diventare un messaggio universale che restituisca – come altre pagine del sindaco insegnano – la consapevolezza della misura di una dignità che l'uomo e la donna devono riscoprire, per sentirsi di nuovo inseriti in un contesto organico, dove la città, ogni città, finalmente rintracci la propria vera vocazione: essere il riflesso qui in terra della Gerusalemme celeste. Una prospettiva che è, in una parola, speranza. Sentire, cioè, che la nostra storia ha un orizzonte, ha una meta, non *la* fine ma *un* fine. Perciò il sindaco non può che insistere sulla dimensione della bellezza e della poesia, su una prospettiva "sognante", sapendo bene che nella Scrittura il sogno è tutt'altro che una divagazione irrazionale, onirica, senza alcun significato. Tante pagine bibliche – pensiamo ai sogni di Giuseppe – ci dicono quanto sia importante la dimensione in cui le nostre forze argomentative e logiche paiono attenuarsi: nel torpore, vero spazio del nostro cuore, dei nostri pensieri e dei nostri orizzonti, sta la misteriosa azione di Dio.

Devo nuovamente tornare a condividere una riflessione lapiriana del 1953, dove si spiega molto bene una visione di storia della salvezza: si tratta del sogno, appunto, di un sindaco che vuole per le città del mondo intero una riscoperta della loro vocazione universale di bellezza, di pace, di orazione. Scrive La Pira:

> Questa «meditazione storica» sul tempo presente ci ha mostrato, in certo modo, le linee essenziali della cristianità futura: rinnovata alla base e rinnovata al vertice: alla base, per via di una grande opera di fraternità che dovrà lievitare e finalizzare le fondamentali strutture della tecnica, della economia e della politica; al vertice, per via di una fioritura nuova di massimi valori della vita culturale, artistica e religiosa: preghiera e poesia!

Nella nostra prima riflessione, abbiamo visto come il sindaco parlasse di santità, termine evocato anche dal poeta Mario Luzi: questo sogno di La Pira, infatti, si può di nuovo riattizzare nella presente città, solo se finalmente torna a essere visibile, palpitante, condivisibile, il fuoco dei nostri «antichi santi». Questa è, per il sindaco, una prospettiva che salda la base e il vertice, ognuno con i propri carismi, con le proprie responsabilità, in una dimensione aggiornata della lettura che riguarda il mistero della storia e della città. Nella pagina appena citata si parla anche di tecnica, di economia, di politica. Nessun sogno surreale, dunque, che ci porta lontano dalla concretezza della vita e della storia. Perché questo sogno è affidabile? «Perché – dice ancora La Pira – i fondamenti di questo sogno sono costituiti dal permanente disegno che lo Spirito Santo cerca nelle generazioni e nei secoli di attuare nella storia degli uomini». Ecco lo sguardo di fede, lo sguardo contemplativo:

> È il disegno che [Dio] cercò, in figura, di attuare all'epoca dell'antico patto quando creò gradualmente Gerusalemme e ne fece centro dell'amore e della speranza di una storia santa e di un popolo di elezione; è il disegno che cerca di attuare nel corso di questa nuova storia santa – la storia di Cristo nel mondo – tentando, nonostante tutte le resistenze, di rifrangere nella città dell'uomo le armonie, le bellezze e gli splendori della città di Dio: *venga il Tuo regno, come in cielo così in terra.*

È bellissimo questo «tentando»: un "provarci" di Dio che però tocca i nostri cuori, perché non possiamo tollerare che quello divino resti solo un azzardo. Come Chiesa dobbiamo fare in modo, senza esitazione, che il tentativo di Dio si attui senza riserve, senza incontrare, soprattutto in noi, resistenza alcuna. Ancora il sindaco, con sguardo di speranza radicato nella fede trinitaria, ma con splendida concretezza:

> È un «sogno» che ha già avuto realizzazioni mirabili nel corso dei secoli passati; è un «sogno» che avrà altre più ampie e più mirabili realizzazioni nel corso dei secoli futuri. E si capisce: perché il disegno è sempre uno; uno è sempre il modello; il disegno che lo Spirito Santo ha costruito non per restare ideale lontano e inefficace per la vita terrestre degli uomini; ma, anzi, per operare in essa come lievito trasfiguratore, capace di imprimere nella storia dell'uomo, nella civiltà dell'uomo il sigillo luminoso della città di Dio: *Donec signemus servos Dei nostri in frontibus eorum* (Apocalisse).

Dunque, lo Spirito come lievito trasfigurante. Qui si comprende come la poesia di Mario Luzi non sia estetismo decorativo, ma una profonda rilettura lirica, bella, nel senso di quella bellezza teologale che La Pira caldeggia e desidera, perché quel «fuoco sotto la cenere» di cui parla è davvero lo Spirito Santo, che noi imploriamo affinché, anche grazie alla nostra testimonianza, la cenere si dissolva e torni davvero la brace. È, questo, un paradosso che la natura non permette, ma che si attua nel simbolo liturgico: si inizia con le Ceneri e si finisce col fuoco del cero pasquale. Un fuoco nuovo. È un paradosso, perché dalla pura cenere non si genera il fuoco: ma lo Spirito Santo può fare questo e altro; può farlo anche nella nostra vita, e della nostra testimonianza, anche quando, talvolta, è un po' logora. Per questo, la nostra meditazione la vogliamo dedicare a che – come ci chiedono e auspicano il sindaco e il suo poeta – si ravvivi la fiamma «col nostro alito [...] / che duri e si propaghi, / controfuoco alla vampa / devastatrice del mondo».

Giustamente si è definita quella di Mario Luzi, una poesia dalla portata caritativa. Credo sia bello e importante dare ospitalità alla poesia, riconoscere nel poeta – e Firenze in questo ha la sofferta memoria del suo maggiore poeta – un testimone, un profeta che si logora alla ricerca di un verso che sia incisivo, che sia davvero capace di togliere tutto ciò che è superfluo per far brillare la nuda parola, essenziale; essa, come lama di taglio, ci conosce, ci misura, ci depura e ci purifica, fin dalle giunture del nostro essere. Questa prospettiva, come abbiamo già detto, restituisce a Firenze e a ogni città una missione universale. Per La Pira, la cosa è chiarissima; la connessione fra il Signore e la città, fra il Signore che attraversa, si ferma, quasi si vela e si rivela nella città, è un dato essenziale del suo ministero:

> Di ogni città si può e si deve dire che Dio l'ha edificata, che il Signore l'ha amata e la ama; il mistero di fondo

e il valore ultimo di ogni città sta nella sua cattedrale; nella sua casa di orazione, nella casa di Dio che ne costituisce il centro.

È una lettura che, certo, dalla contemporanea modernità fatica a essere assunta. E, forse, è davvero necessario qualche importante distinguo, quando si tratti del dialogo con la secolarità del nostro tempo. Ma il suo messaggio, il suo significato, la sua forza profetica non possono stupire noi che, anzi, dobbiamo essere ardenti testimoni. Così, nuovamente, La Pira sottolinea che la città deve, proprio per questo, essere amata dagli uomini: perché è amata da Dio. Ogni città, anzi, ha un suo angelo custode. È, questa, una prospettiva che comporta una conseguenza pratica nel sentire profetico e nell'agire politico del sindaco fiorentino:

> Niente distruzione, niente guerra: ma orazione, progresso, bellezza, lavoro, pace! Le città sono la storia resa visibile, un patrimonio sacro che si edifica e si trasmette con tanto amore, di generazione in generazione: proprio come Gerusalemme!

Trovo bellissima e commovente (è, tra l'altro, il contenuto della nostra semplice, direi povera vita monastica a San Miniato) questa sorta di strabismo, che un grande monaco del Medioevo giustamente rimproverava ai monaci, ma che a san Miniato è doverosa: cercare Dio, *quaerere Deum*, guardando il pantocrator e, nello stesso tempo, guardare anche la città dove il Signore si nasconde. Solo in questo modo, la nostra povera orazione propizierà la trasmissione, di generazione in generazione, del mistero che la muove; lo svelerà, lo renderà percepibile, tangibile al cuore della nostra gente, del nostro popolo e renderà infine riconoscibile e delineabile la storia che lo Spirito Santo scrive con la forza e la beatitudine della speranza.

È, questa, una testimonianza, oggi quanto mai necessaria. Oggi, tempo in cui tutti siamo tentati di fermarci a una diagnosi rassegnata della crisi. La Pira, nel suo sogno, è stato capace di rendersi conto, proprio negli anni cosiddetti della rinascita e della ricostruzione (tali, in effetti, furono; ma erano anche gli anni della guerra fredda!), di come la storia conoscesse, accanto a tante prospettive di progresso, una vera e propria crisi. Per questo il suo sguardo è evangelicamente lucido e totale, mai parziale. Sempre scrivendo al citato monastero di clausura, egli dice:

> Forse che l'autunno e l'inverno non sono i misteriosi laboratori in cui si prepara la primavera e l'estate? Così nei gravi periodi di crisi e di trapasso: quando tutto sembra crollare, tutto è ancora magnificamente valido.

> Tutto è ancora magnificamene valido, cioè ha valore.

> Sotto la superficie della materia informe [la «cenere» di Mario Luzi] c'è la salda struttura ideale di una rinascita che

ha nella città di Dio il suo modello di bellezza e di luce. Cristo ieri, oggi, sempre. Ecco il mistero del nostro tempo: c'è una primavera che si prepara, in questo inverno apparente. La bellezza della città di Dio, i suoi splendori di purità, di pace sono l'alba che viene formandosi nel segreto e nel silenzio.

Ecco perché credo esista da mille anni – perdonerete questo riferimento non semplicemente autoreferenziale –, a oriente della città fiorentina, la basilica di san Miniato. Quando sorge sopra Firenze, il sole attraversa per prima cosa, con i suoi raggi, quel monastero, quella basilica, per far brillare sulla città e rendere percepibile il disegno di speranza che lo Spirito Santo traccia, anche nell'apparente assenza di vitalità, propria dell'inverno.

Questo credo arricchisca tutti noi, come ha arricchito lo sguardo del grande architetto e urbanista che ha contribuito alla ricostruzione di Firenze dopo i pesanti colpi della Seconda guerra mondiale, e che ha partecipato nel ricostruire frammenti e direi brandelli del nostro Paese dopo tante sciagure naturali: mi riferisco a Giovanni Michelucci, che condivideva il grande clima fiorentino del Dopoguerra, quando la città era davvero percepita da tutti come una realtà organica, da tenersi viva col contributo di chiunque, dal semplice operaio fino al sindaco, al vescovo, ai presbiteri, agli artigiani: tutti, nessuno escluso. Sognando, a sua volta, una città rinnovata secondo criteri di bellezza, di pace, di convivenza, Giovanni Michelucci scriveva:

> Vorrei che anche le cose, lo spazio che ci circonda, fossero abitati da una sensazione di partecipazione, perché allora realizzeremmo davvero quel sogno della nuova città che mi porto dietro da sempre e che non è altro luogo che lo stesso luogo, la stessa situazione che viviamo ogni giorno, ma che possa essere vissuta in un altro modo, in un'altra dimensione di relazioni e sensazioni. Solo allora possono nascere le piazze, le strade, le voci, gli oggetti della nostra infanzia, non come qualcosa che ci sta dietro, ma come qualcosa che ci accompagna, per costruire il nuovo senza paura di perderci[2].

È, questa, una prospettiva che pure chiede il medesimo sguardo contemplativo che rende la città – pur con tutte le sue contraddizioni, le sue fragilità, le sue ingiustizie, le sue ferite – una sorta di tabernacolo, che vogliamo tutti tornare a guardare come ci ha insegnato a fare il nostro Papa, nel fondamentale numero 71 di *Evangelii Gaudium*, vera ragione dell'ispirazione di queste mie parole, e che ripresento in semplicità di cuore:

> Abbiamo bisogno di riconoscere la città a partire da uno sguardo contemplativo, ossia uno sguardo di fede che scopra quel Dio che abita nelle sue case, nelle sue strade, nelle sue piazze. La presenza di Dio accompagna la ricerca sincera che persone e gruppi compiono per trovare appoggio e senso alla loro vita. Egli vive tra i cittadini promuovendo la solidarietà, la fraternità, il desiderio di bene, di verità, di

[2] G. Michelucci, *Dove si incontrano gli angeli*, Fondazione Michelucci/Zella, 2000.

giustizia. Questa presenza non deve essere fabbricata, ma scoperta, svelata. Dio non si nasconde a coloro che lo cercano con cuore sincero, sebbene lo facciano a tentoni, in modo impreciso e diffuso.

Che il fuoco della carità, che il Signore non manca di accendere nei nostri cuori in conversione, possa aiutare tutti in una rinnovata ricerca di Dio con cuore limpido e sincero.

Amen.

«SIAMO QUI PER RAVVIVARNE COL NOSTRO ALITO LE BRACI»

11 marzo – pomeriggio

Mettimi come sigillo sul tuo cuore,
come sigillo sul tuo braccio;
perché forte come la morte è l'amore,
tenace come il regno dei morti è la passione:
le sue vampe sono vampe di fuoco,
una fiamma divina!
Le grandi acque non possono spegnere l'amore
né i fiumi travolgerlo.
Se uno desse tutte le ricchezze della sua casa
in cambio dell'amore, non ne avrebbe che disprezzo.
(Ct 8,6-7)

Siamo qui per ravvivare col nostro alito le braci di questo fuoco di amore. L'evocazione sponsale non credo sia fuori luogo. Se davvero la città che scende dal cielo è la fidanzata attesa, sospirata, come ci fa dire l'Apocalisse: «Vieni, ti mostrerò la promessa sposa, la sposa dell'agnello», allora contemplando le città terrene ci accorgiamo che troppa cenere soffoca la fiamma e tiene nascoste braci che, con il soffio dello Spirito che ci inabita, vogliamo finalmente disperdere, perché sia l'amore – l'amore pieno, vero, totale – a renderle luoghi ardenti di amore, di pace, di giustizia.

È quanto ci fa cantare Mario Luzi. Quella che fu il sogno di Giorgio La Pira è una città di cui ravvivare il fuoco, perché l'umanità torni a contemplarla con rinnovata speranza, riconoscendovi un luogo dove passa il Signore, un luogo visitato e visitabile dal Signore.

Del resto, lo stesso Signore Gesù, come leggiamo in Luca 12,49, ci ha avvertito: «Sono venuto a gettare fuoco sulla terra e quanto vorrei che fosse già acceso!». Il Vangelo apocrifo di Tommaso insiste su questa immagine: «Ho gettato il fuoco sul mondo, ed ecco lo custodisco fino a che divampi». È il fuoco di un amore affidato evidentemente anche alla nostra testimonianza, alla nostra custodia, alla nostra passione, poiché davvero neppure le grandi acque possono spengerne la fiamma che divampa. Ma, di fatto, è anche un fuoco che si può attenuare per rassegnazione, per consuetudine, per quella "tiepidezza" giustamente rimproverata da pagine importanti della stessa Apocalisse.

In questo contesto mi sembra importante evocare un momento bello, paterno, del grande magistero di san Paolo. Seconda Lettera a Timoteo, capitolo primo, versetti 6-8:

> Per questo motivo ti ricordo di ravvivare il dono di Dio, che è in te mediante l'imposizione delle mie mani. Dio in-

fatti non ci ha dato uno spirito di timidezza, ma di forza, di carità e di prudenza. Non vergognarti dunque di dare testimonianza al Signore nostro, né di me, che sono in carcere per lui; ma, con la forza di Dio, soffri con me per il Vangelo.

Ravvivare la fiamma del carisma di Dio che è in te; questo vuol dire il «dono da ravvivare», che Paolo raccomanda al suo interlocutore. Il termine greco *anazopyrein* è composto proprio con la parola fuoco (*pyros*). Ed è molto bella anche la traduzione latina, che ci riporta al clima di un desiderio pasquale che ha come preludio la Quaresima e questi santi esercizi: «*Admoneo te, ut resuscites gratiam Dei, quae est in te*». *Pyros*, un fuoco che torna a farsi fiamma viva, con la possibilità di poter sperimentare nella nostra interiorità una Pasqua grazie alla quale la nostra vocazione, i doni ricevuti, finalmente ritrovano tutto l'ardore necessario.

La Lettera ai Romani (11,20) ce lo ricorda: i doni e la chiamata di Dio sono irrevocabili. Ma come possiamo pensarci dispensati dalla ricerca appassionata di quel combustibile necessario a tenere accesa, ardente, in crescita la fiamma della vocazione che abbiamo ricevuto? Credo che risuoni pertinente e consonante la raccomandazione all'Angelo di Efeso (Ap 2,4-5a): «Ho però da rimproverarti di avere abbandonato il tuo primo amore. Ricorda dunque da dove sei caduto, convèrtiti e compi le opere di prima». E ancora, più incalzante, quella all'Angelo della Chiesa di Laodicea (Ap 3,14b-17):

Così parla l'Amen, il Testimone degno di fede e veritiero, il Principio della creazione di Dio. Conosco le tue opere: tu non sei né freddo né caldo. Magari tu fossi freddo o caldo! Ma poiché sei tiepido, non sei cioè né freddo né caldo, sto per vomitarti dalla mia bocca. Tu dici: Sono ricco, mi sono arricchito, non ho bisogno di nulla. Ma non sai di essere un infelice, un miserabile, un povero, cieco e nudo.

«Non ho bisogno di nulla»: è, questa, la grande presunzione con la quale ci riteniamo dispensati dal prendere a cuore e in cura il dono immenso del Signore; prenderlo a cuore con una vita di preghiera, di ascolto della sua Parola, alimentandoci della santa e divina Eucaristia, vivendo una fraternità radicale che sgorghi dall'ascolto della Parola e dalla conformazione alla logica eucaristica, con la quale la vita divina si fa strada in noi, davvero e misticamente, con la forza dello Spirito Santo. Per questo credo che Mario Luzi potesse dire con grande lucidità teologica: «Siamo qui per ravvivarne / con il nostro alito le braci, / ché duri e si propaghi, / controfuoco alla vampa / devastatrice del mondo». Un alito che è proprio la forza dello Spirito che si degna di passare attraverso di noi, che si degna di trasfigurare le nostre debolezze, le nostre fragilità, rendendole capaci di far rialzare di nuovo quella fiamma degli ardenti desideri.

C'è una premessa fondamentale a tutto ciò: dobbiamo allontanarci dalla presunzione di non avere bisogno di nulla. E come Nicodemo, in un paesaggio notturno vogliamo anche noi accostarci alla Parola e al magistero del Signore Gesù. È vero, anche noi potremmo dare retta all'obiezione che l'invecchiamento della nostra struttura personale, del nostro fisico, della nostra ormai consolidata psicologia ci suggerisce a volte: come può un uomo nascere quando è vecchio? Può forse entrare una seconda volta nel grembo di sua madre e rinascere? Se ci sentiamo bisognosi del bisogno e desiderosi del desiderio, invece, possiamo davvero partecipare a questo evento pasquale di un'autentica rinascita dall'alto. A questo ci indirizza la preparazione quaresimale alla Santa Pasqua: a una novità che porti, per usare ancora le immagini stagionali di Giorgio La Pira, «a una primavera, dopo un inverno in cui sembrava tutto essere ormai definitamente assopito e senza più vita». Si tratta di riscoprire che la nostra interiorità ha una sinfonia, una polifonia nello Spirito, molto più ricca e articolata di quella che il tempo meccanico dei nostri orologi sembra suggerirci. San Paolo, nella Seconda Lettera ai Corinzi (4,16), ha parole di straordinaria potenza evocativa e di grande verità spirituale e antropologica: «Per questo non ci scoraggiamo, ma, se anche il nostro uomo esteriore si va disfacendo, quello interiore invece si rinnova di giorno in giorno». Ecco, noi viviamo gli esercizi spirituali per propiziare questa rinascita, questo rinnovamento; per allontanarci, nella misura del possibile, dal tempo dei nostri orologi, dalle risonanze che spesso coinvolgono – come necessario, per altro – le nostre dinamiche psicologiche, al fine di ascoltare l'uomo interiore, desideroso di ringiovanirsi, bisognoso di una rinascita, propiziata e resa possibile dalla forza dello Spirito Santo.

Occorre, per questo, un fondamentale cambio di paradigma nella visione della nostra condizione umana in rapporto al tempo e allo spazio, per una relazione davvero vitale, esistenziale con il mistero pasquale. Romano Guardini, in questo senso, ha parole fondamentali, di grande fascino teologico, ma anche – direi – quasi poetico. Egli scrive:

> La vita sorge non solo nella prima ora, quasi una volta per sempre, così da andare poi avanti in una direzione lineare, ma risorge continuamente dalla profondità, dal nascosto all'aperto, da ciò che ancora non c'è al reale[3].

È il mistero pasquale che ci inabita a rendere possibile questa modalità nuova di stare nelle cose, di stare con noi stessi, con gli altri. Contemplando e celebrando questo mistero, vivendone i frutti in una dimensione direi quasi di inquietudine, che non ci assicura una situazione, una collocazione, un ruolo una volta per sempre, siamo posti in una dimensione esistenziale di responsabilità, cioè di risposta alla Parola pronunciata da Dio: essa è l'evento in cui si rigenera la speranza e si riannoda la storia della salvezza, su cui Giorgio La Pira ci dava ammaestramenti fondamentali. La ragione e la possibilità per cui tutto questo accade è una rinnovata vita di fede. Anche per questo sia-

[3] R. Guardini, *L'esistenza del cristiano*, Vita e Pensiero, 1985. Qui e per le seguenti citazioni dove non indicato diversamente.

mo qui, non essendo tanto presuntuosi da ritenerci dispensati dalla domanda fondamentale: «Signore, aumenta la nostra fede». Siamo qui per questo.

E che cosa vuol dire fede?, si domanda Romano Guardini. E dà una risposta bellissima:

> Essere convinti che a partire da Cristo, da una parola, dalla sua immagine, dalla sua vita, dalla forza della sua morte salvifica e dalla sua risurrezione, il mondo non è come sembra apparire: è anche questo, ma è al contempo più di questo.

Verrebbe da dire che, con lo sguardo pasquale, noi non ci arrendiamo alla cenere dentro e fuori di noi; diamo invece spazio a quell'alito dello Spirito, perché con la fede, con la luce delle fede, divampi e torni a divampare la fiamma, la cui luce restituisce alla sua piena verità la nostra realtà. Dunque la realtà – aggiunge – non è sigillata una volta per sempre. Attraverso la redenzione

> è accaduto un nuovo inizio; da lì si sviluppa una seconda creazione. La fede ha osato, ed è certa che questo divenire della seconda creazione può realizzarsi in ogni uomo, attraverso ogni parola, attraverso ogni avvenimento, trasversalmente a tutto; il divenire dell'uomo nuovo che si forma secondo l'immagine di Cristo, si compie verso la gloria dei figli di Dio.

Sono parole splendide, che mi sembra implichino tutta la dinamica, non solo della speranza, ma anche del perdono, della misericordia, dell'astensione da ogni giudizio definitivo, ultimativo su qualcuno, perché questo significherebbe bloccare l'evento pasquale nel cuore di chi io giudico. Semmai, la disponibilità a lasciarsi giudicare dalla Pasqua di Cristo deve essere la mia personale. E anche su questo, Guardini ha parole illuminanti:

> Il credente, però, mette il suo essere vivente a disposizione di questo divenire. Lo accoglie nella sua responsabilità. Lui stesso lo realizza, "insieme" a Dio. Perché non deve semplicemente accadergli, ma può realizzarsi solo attraverso la libertà; certamente operato da Dio, ma all'interno del vivo volere e operare dell'uomo, cioè nella sua fede.

Qui ritroviamo le coordinate per comprendere bene quella parola difficile, complessa, per non dire ambigua che è "umanesimo". Si tratta, infatti, qui, dell'umanesimo in Cristo, radicato in un'esperienza di amore che ci interpella, che smuove la nostra responsabilità, che di fatto la qualifica attraverso l'esercizio del dono supremo con cui Dio ci assimila a se stesso, ossia la libertà. È, questa, una prospettiva che mi sembra restituire alla condizione umana una dignità di cui non compiacersi, banalmente, in un'autoreferenzialità peccaminosa; ma che, al contrario, la spinge in una inquietudine capace di generare Pasqua, ovunque e comunque, in una prospettiva che abbiamo scelto di contemplare nello spazio della convivenza cittadina: lì avvertiamo, soprattutto, stare annidata la grande tentazione di riconoscersi solo e soltanto come cenere inerte, frutto di una combustione che ha fatto deflagrare le speranze e i sogni, soprattutto delle nuove generazioni. Cerchiamo, perciò e soprattutto per costoro, di chiedere al Signore lo Spirito Santo, perché il nostro alito diradi nebbia e cenere, per restituire ai nostri giovani la consapevolezza di cosa sia la vita umana nell'esercizio della responsabilità, della libertà, di una dinamica che è un tutt'uno con la gioia del crescere, riscoprendosi figli di un padre affidabile.

Questa prospettiva ci porta ben lontano dalla tiepidezza dell'Apocalisse e ci fa riscoprire la centralità del tempo, della grande avventura umana nel tempo. Il nostro Papa, in *Evangelii Gaudium* n. 223, ci ha ben insegnato la priorità del tempo. Lo ha fatto in un passaggio potente di quella Esortazione, che merita di esser letto:

> Dare priorità al tempo significa occuparsi di iniziare processi più che di possedere spazi. Il tempo ordina gli spazi, li illumina e li trasforma in anelli di una catena in costante crescita, senza retromarcia.

Questa è la vera realtà che la Pasqua ci fa contemplare. Si tratta di privilegiare azioni che generano nuovi dinamismi nella società e coinvolgono altre persone e gruppi, che a loro volta li porteranno avanti, affinché fruttifichino in significativi avvenimenti storici.

A volte mi domando chi siano coloro che, nel mondo attuale, si preoccupano realmente di dar vita a processi che costruiscano un popolo! Questa esigenza certamente interpella il nostro essere Chiesa, popolo di Dio, ma soprattutto chi ha responsabilità nella città degli uomini e delle donne del nostro tempo; chi deve lavorare affinché la città si riconosca come *civitas*, popolo dal comune destino, piuttosto che preoccuparsi di ottenere risultati immediati, che producono una rendita politica facile, rapida ed effimera, ma che non costruiscono pienezza umana. Troppe volte dobbiamo assistere a un'azione che spinge a costruire un'identità e un'appartenenza solo e soltanto facendo leva sulla paura e sulle conseguenze della paura, ossia l'egoismo e la diffidenza. Questa è una visione parziale dell'uomo, della sua vocazione e del destino di un popolo intero. Allora diamo fiducia al tempo, perché la storia giudicherà queste persone con il criterio che enunciava ancora Romano Guardini:

> L'unico modello per valutare con successo un'epoca, è domandare fino a che punto si sviluppa in essa e raggiunge un'autentica ragione d'essere, la pienezza dell'esistenza umana in accordo con il carattere peculiare e le possibilità della medesima epoca[4].

Mario Luzi ha cantato la Firenze di La Pira, ravvisandovi una possibile pienezza di esistenza umana. E ce l'ha riproposta con la formidabile forza evocativa della poesia: "ricordando e alitando fuoco, questa città torni a divampare". Ma tutto questo accade e può accadere solo in un

[4] R. Guardini, *La fine dell'epoca moderna. Il potere*, Morcelliana, 1993.

orizzonte di fede pasquale. Ancora una volta, Romano Guardini è lucidissimo:

> Dappertutto l'uomo è prigioniero, ci sono leggi, necessità, quando il tempo è pesante bisogna farsene carico coraggiosamente, non vi si può cambiare niente. L'uomo è rinchiuso in abitudini e doveri quotidiani e, ciononostante, vi è in lui la forza misteriosa della libertà. Certamente la vita è abitudine, come una costrizione, come un orologio, ma sempre di nuovo arriva il momento della decisione, posso andare a destra e posso andare a sinistra. In certi casi la decisione è molto importante. Questo è forza dell'inizio. Un uomo mi viene incontro, dice qualcosa, posso rispondergli in un modo o in un altro, posso ricambiare una gentilezza in un modo o in un altro. Questo è forza di novità, nasce dallo spirito, dal cuore.

Possiamo ben vedere come in questa pagina si accordino consapevolezza teologica e antropologica, e concretezza dei rapporti. Anche Giorgio La Pira lo diceva: lo Spirito Santo non resta come un prisma in mezzo al cielo, si fa concretezza, perché il reale ne subisca tutta la forza e, obbedendo, la città degli uomini si assimili alla città di Dio. E, così, le relazioni, nella libertà del nostro stare in un modo piuttosto che in un altro davanti a una persona, possono (o non possono) diventare misura e testimonianza evangelica, dunque pasquale: nello stare prossimo agli altri, nel farci prossimo agli altri. Qui intravediamo la libertà e la possibilità di un nuovo inizio. Per noi, tutto questo, ancora una volta, non può che modellarsi, ispirarsi, destarsi e principiare dall'incontro di ogni incontro, quello con il Signore Gesù, quello con la sua Parola che ci ha chiamato, modificando le nostre vite, a più riprese lungo la nostra esistenza.

Papa Francesco, il 30 agosto 2017, per l'ennesima volta ci ha ricordato il senso dell'esercizio della "memoria della vocazione", per ravvivare la speranza. Con l'obbligo di un discernimento, di uno sguardo che deve andare in profondità: verso l'esercizio di una libertà che, per fede, respinge la disperazione e si fa invece passione di speranza. In quella circostanza, infatti, egli ha parlato di come vi siano prove nella vita, momenti in cui bisogna andare avanti nonostante il freddo, i venti contrari, nonostante tante amarezze. E i cristiani conoscono la strada che conduce a quel sacro fuoco che li ha accesi una volta per sempre:

> Per favore, mi raccomando: non diamo retta alle persone deluse e infelici; non ascoltiamo chi raccomanda cinicamente di non coltivare speranze nella vita; non fidiamoci di chi spegne sul nascere ogni entusiasmo dicendo che nessuna impresa vale il sacrificio di tutta una vita; non ascoltiamo i "vecchi" di cuore che soffocano l'euforia giovanile. Andiamo dai vecchi che hanno gli occhi brillanti di speranza! Coltiviamo invece sane utopie: Dio ci vuole capaci di sognare come Lui e con Lui, mentre camminiamo ben attenti alla realtà. Sognare un mondo diverso. E se un sogno si spegne, tornare a sognarlo di nuovo, attingendo con speranza alla

memoria delle origini, a quelle braci che, forse dopo una vita non tanto buona, sono nascoste sotto le ceneri del primo incontro con Gesù.

Quale miglior commento alla poesia di Mario Luzi! E continua, papa Francesco:

> Ecco dunque una dinamica fondamentale della vita cristiana: ricordarsi di Gesù. Paolo diceva al suo discepolo: «Ricordati di Gesù Cristo» (2Tm 2,8); questo il consiglio del grande San Paolo: «Ricordati di Gesù Cristo». Ricordarsi di Gesù, del fuoco d'amore con cui un giorno abbiamo concepito la nostra vita come un progetto di bene, e ravvivare con questa fiamma la nostra speranza.

Voglio chiudere questa meditazione evocando dei versi forse un po' impegnativi, ancora di Mario Luzi: anche se non immediatamente decifrabili, essi ci restituiscono tutta la forza simbolica dell'immagine del fuoco e di come insieme dobbiamo invocarlo come Spirito Santo, perché nella notte del mondo splenda e sempre di più la stella della speranza:

> Un fuoco così mite basta appena,
> se basta, a rischiarare finché duri
> questa vita di sottobosco. Un altro,
> solo un altro potrebbe fare il resto
> e il più: consumare quelle spoglie,
> mutarle in luce chiara, incorruttibile.

Requie dai morti per i vivi, requie
di vivi e morti in una fiamma. Attizzala:
la notte è qui, la notte si propaga,
tende tra i monti il suo vibrìo di ragna,
presto l'occhio non serve più, rimane
la conoscenza per ardore o il buio[5].

[5] M. Luzi, *L'Opera poetica*, Mondadori, 1998.

«IL PRESENTE DI INFAMIA, DI SANGUE, DI INDIFFERENZA»

12 marzo – mattina

Essere stata
nel sogno di Lapira
"la città posta sul monte"
forse ancora
la illumina, l'accende
del fuoco dei suoi antichi santi
e l'affligge, la rode,
nella sua dura carità il presente
di infamia, di sangue, di indifferenza.

La nostra meditazione odierna punta lo sguardo, colmo di amore, verso questo presente, che Mario Luzi, con lucido ma non rassegnato realismo, qualifica scandendo tre segni del male, del mistero di quella iniquità che opera nella nostra storia: "infamia", "sangue", "indifferenza". Soprattutto quest'ultima, l'indifferenza, è estranea a quella "portata caritativa" – l'espressione è di Franco Fortini – con cui si qualificano sia la poesia di Luzi che l'azione politica di La Pira. Una portata caritativa che è un tutt'uno con una lettura di speranza della storia, antitetica a un rassegnato e crudo realismo. Essa, tuttavia, non è disponibile a illusorie o pretestuose diagnosi, che vorrebbero farci credere una realtà ben diversa da quella che oggettivamente, alla luce del Vangelo, siamo invitati a osservare con spirito di vigilanza e a trasfigurare con spirito di profezia – se il Signore ce lo dona.

Una parola contro l'indifferenza, dunque e anzitutto: quell'indifferenza che, tante volte e in modo sottile, ci paralizza il cuore e rende il nostro sguardo non più generato da quell'amore caro a Riccardo di San Vittore, ma opaco, nebbioso, figlio di una delle malattie del nostro tempo: quella che Charles Taylor qualificava come la "schermatura del sé". Come se la nostra persona indossasse uno schermo, dal quale e con il quale proteggersi nei riguardi degli altri, da quella responsabilità che i problemi quotidiani sollecitano.

In *Resistenza e resa* di Dietrich Bonhoeffer troviamo un luminoso passaggio: «Per l'uomo responsabile la domanda ultima non è: "Come io me la cavo eroicamente in questo affare", bensì: "Come la generazione che viene potrà continuare a vivere"». È molto importante questo aspetto. Già ho insistito sulle nuove generazioni: ci stanno e ci devono stare profondamente a cuore i ragazzi di oggi. È decisivo per noi l'impegno di lasciare loro un futuro migliore del presente che viviamo, con spirito radicalmente antitetico all'indifferenza: piuttosto, tutto mosso da una partecipazione, da un desiderio ardente. Solo così le nuove generazioni potranno continuare a vivere in un mondo ancora ospitale per i loro disegni, i loro sogni, le loro aspettative.

Come abbiamo visto, Romano Guardini, con la sua interpretazione radicalmente pasquale della persona umana e della storia, ci invita ad accogliere, nella e con la responsabilità, il divenire, realizzandolo per quanto ci è possibile insieme al Signore. Lo stesso Guardini ci ha anche invitato a uno sguardo sulla realtà segnato da un'appassionata cristologia. Mi permetto di ricordare questo altro passaggio importante:

> Essere convinti che a partire da Cristo, da una parola, dalla sua immagine, dalla sua vita, dalla forza della sua morte salvifica e della sua resurrezione, il mondo non è come sembra apparire: è anche questo ma è al contempo più di questo.

Dobbiamo guardare la realtà senza sognare città ideali o utopie di alcun tipo. L'utopia di per sé non è una prospettiva autenticamente evangelica. La Gerusalemme celeste, che il visionario dell'Apocalisse contempla, non è un'utopia: è il contenuto di una promessa reale, affidabile, che il Signore consegna alle sue Chiese nella prova, alla nostra Chiesa nella prova: è orizzonte di quella speranza verso la quale dobbiamo impegnarci. Si tratta di guardare la realtà ma senza arrenderci a essa. Perché, come mirabilmente sottolinea Guardini, «il mondo non è come sembra apparire»: è anche questo ma, al contempo, più di questo.

Occorre misurarci sulla realtà. Lo fa Mario Luzi ricordandoci lucidamente come il presente sia «di infamia, di sangue e di indifferenza»: parole molto forti, forse sorprendenti se misurate con la realtà di una piccola, tranquilla – si direbbe – città come Firenze. Quando Mario Luzi scriveva questa poesia, però, si era alla fine degli anni Novanta. La nostra Firenze – permettetemi questo ricordo personale – è tuttora segnata da un evento drammatico accaduto allora: l'attentato ai Georgofili che, nel cuore di una notte di matura primavera del 1993, oltre a uccidere una intera famiglia e qualche studente universitario, distrusse una porzione preziosissima del centro artistico della città. La mafia colpiva in un momento storico del nostro Paese, in cui più forte e coesa era la reazione ai suoi disegni criminali, e attentava – direi – al mistero della bellezza, colpendo gli uomini e le donne, ma anche il loro patrimonio artistico che, come ancora ci ha insegnato La Pira, è un «tutt'uno con la storia della santità di questa nostra città». Si comprende perché Luzi, in quegli anni, potesse usare con piena pregnanza queste parole: «infamia, sangue e indifferenza», con davanti il cuore della città ancora squarciato dalla bomba di ispirazione mafiosa.

E ora siamo anche noi invitati, da quell'evento drammatico, a guardare alle ferite delle città di tutto il mondo, anche quelle molto più complesse, comunque segnate da ingiustizie di ogni tipo. Ma occorre farlo con quello sguardo sulla realtà che il nostro Papa ci ha insegnato: sguardo concreto che prevale rispetto all'idea, rispetto a una elaborazione concettuale per quanto importante, necessaria, ma che, quando dimentichi l'aggancio con la realtà, l'ispirazione che viene dalla realtà, il misurarsi con la realtà, può diventare sterile e infruttuosa ideologia. Quello di papa Francesco è un riferimento troppo importante alla memoria della santità, attraverso la quale rileggere la realtà, perché non vi riporti le esatte parole, redatte al numero 233 di *Evangelii Gaudium*:

> La realtà è superiore all'idea. Questo criterio è legato all'incarnazione della Parola e alla sua messa in pratica. «In questo potete riconoscere lo Spirito di Dio. Ogni spirito che riconosce Gesù Cristo venuto nella carne è da Dio» (1Gv 4,2). Il criterio di realtà, di una parola già incarnata e che sempre cerca di incarnarsi, è essenziale all'evangelizzazione. Ci porta, da un lato, a valorizzare la storia della Chiesa come storia di salvezza, a fare memoria dei nostri santi, che hanno inculturato il Vangelo nella vita dei nostri popoli, a raccogliere la ricca tradizione bimillenaria della Chiesa, senza pretendere di elaborare un pensiero disgiunto da questo tesoro, come se volessimo inventare noi il Vangelo. Dall'altro lato, questo criterio ci spinge a mettere in pratica la Parola, a realizzare opere di giustizia e carità nelle quali tale parola sia feconda.

L'azione della Chiesa, l'azione degli uomini e delle donne di buona volontà credo sia davvero in questa fecondità, generata dall'ascolto obbediente e appassionato del

Vangelo di vita del Signore Gesù. È questo il seme di vita nuova con il quale noi possiamo fecondare la realtà, trasfigurarla con la grazia del Signore, renderci conto, come dice Romano Guardini, che «c'è questa realtà, ma la realtà di fatto è anche più di questo, più di quello che sembra apparire».

La poesia di Mario Luzi ci restituisce proprio la consapevolezza di questa tradizione, rappresentata dal fuoco dei suoi antichi santi, che non sono una memoria archeologica, sterile, inerte, ormai diventata cenere. Si tratta invece di quella brace che, con la santità del tempo presente – che lo Spirito Santo non si stanca di voler destare nei nostri cuori attraverso un'adesione, qui e ora, al Vangelo di Cristo –, può tornare davvero a infuocarsi, per essere luce di speranza nella notte delle città del nostro mondo.

Vi chiedo scusa se la mia parola è sovente rallentata, quasi ingolfata da numerose citazioni; esse sono, credetemi, non certamente uno sfoggio di chissà quali letture, ma il tentativo di radicare la mia povera parola in una tradizione che sento ricca, generosa e capace di ispirare il nostro presente. Perciò devo ancora ricordare le parole di Giorgio La Pira, il 2 ottobre del 1955, durante uno degli straordinari convegni, da lui convocati, con i sindaci di tutto il mondo. La Pira aveva inventato – per così dire – questa consuetudine che sarebbe preziosa, ancora oggi, per la politica delle città: fare incontrare i sindaci. Potevano essi provenire dal bacino mediterraneo, o dalle capitali di tutto il mondo: si trattava di fare incontrare chi avesse responsabilità politiche e civili in una città, per misurarsi insieme sul problema della convivenza, sui temi centrali per una cittadinanza, non quale rassegnata diagnosi, ma come motivo per un più appassionato radicamento in quella missione che il Signore ci dona e ci chiede. Il 2 ottobre del 1955, dunque, La Pira così si espresse in un discorso che è ricordato con il titolo certamente suggestivo di *Per la salvezza delle città di tutto il mondo*:

> La crisi del nostro tempo, che è una crisi di sproporzione e di dismisura rispetto a ciò che veramente è umano, ci fornisce la prova del valore terapeutico e risolutivo che, in ordine ad essa, la città possiede. Come è stato felicemente detto, infatti, la crisi del nostro tempo può essere definita come sradicamento della persona dal contesto organico della città. Ebbene, questa crisi non potrà essere risolta che mediante un radicamento nuovo, più profondo, più organico, della persona nella città in cui essa è nata e nella cui storia, e nella cui tradizione essa è organicamente inserita[6].

Trovo qui profonda e feconda consonanza con l'invito del nostro Papa a fare memoria della storia della Chiesa come storia di salvezza. A fare memoria dei nostri santi. Perché questa è la tradizione organica, viva, nella quale con umiltà e compassione dobbiamo reinnestare la vita, segnata da indifferenza, apatia, assenza di memoria e di

[6] Il testo qui citato è rintracciabile in http://www.iisf.it/la_pira.htm.

speranza della nostra gente, del nostro popolo, direi soprattutto dei nostri giovani. Vi vorrei raccontare lo stupore con cui tante volte mostro, dall'alto del campanile, a ragazzi in gita scolastica, che cosa è Firenze quando la si contempli in uno sguardo unitario, che non esclude la bellezza della natura né la complessità della sua pur piccola periferia né i suoi guasti urbanistici e le ferite al paesaggio e alla storia. E poi vi è il centro, quel cuore rosso dei tetti fiorentini, pulsante, con i due grandi organismi vitali che segnano l'altra tradizione, nobilmente laica: il palazzo, in cui si governa la polis, e la grande cattedrale. Insieme, questi due edifici costruiscono un parallelismo che dice la completezza della nostra realtà terrena, umana, civile, politica, con quella misura che è anche importante ridestare nel cuore delle ultimissime generazioni.

È proprio sul tema della bellezza che vorrei ancora insistere, per vincere la "schermatura del sé" e restituire tutti noi alla consapevolezza che anche gli uomini di Chiesa possono essere tentati da un certo sradicamento dal contesto organico della città. Davvero rischiamo di lasciare che questa tentazione ci inabiti: sentirci estranei, non interpellati dal tessuto vivo, con le sue difficoltà, i suoi problemi, le sue contraddizioni. Ma questi sono precisamente la città dove siamo chiamati a portare, costi quello che costi, la Parola di Dio, incarnandola, senza restare indifferenti al passato, ma raccogliendo la sfida del presente; aprendoci con la luce della speranza alle sfide che la nuova evangelizzazione ci chiede, senza metterci addosso nessun tipo di paratia, nessun tipo di pregiudizio. La bellezza, in questo, è davvero restituzione e consapevolezza di una ritrovata dimensione corale di appartenenza, resa possibile dalla certezza di essere tutti parte di un tessuto organico. Una dimensione corale contro ogni individualismo, una grande testimonianza che la Chiesa non può mancare di dare, con la sua indole radicalmente fraterna.

Faccio mie le parole bellissime di Simone Weil in *Attesa di Dio*, testo che ha la sua origine in un momento drammatico della storia dell'Europa e in cui, ancora una volta, tornano questa parola e il suo contrario (si tratta di una parola particolarmente cara alle esperienze ecclesiale e monastica): la parola "misura", la *discretio* benedettina. Scrive Simone Weil:

> La vita della nostra epoca è in balia della dismisura. La dismisura invade tutto: azione e pensiero, vita pubblica e privata. Per questo vi è decadenza dell'arte, per esempio, e molti tentativi di artisti risultano vani. Qualcosa è rimasto intatto nella liturgia delle cerimonie religiose. Ma il più delle volte non ha alcun rapporto con il resto dell'esistenza. Ogni equilibrio è viziato. Ma proprio questo andrebbe cercato: un equilibrio tra l'uomo e se stesso, tra l'uomo e le cose. Noi viviamo in un'epoca che non ha precedenti, e che esige un certo tipo di santità, anch'essa senza precedenti. Essa deve scaturire d'improvviso, come un'invenzione, e mettere a nudo tutta la verità e la bellezza che sono nel mondo, nascoste sotto strati di polvere e di marciume. Noi siamo nella irrealtà e nel sogno. Aprire gli occhi sulla realtà, vedere la luce, ascoltare il vero silen-

zio. Questo significa rinunciare alla nostra illusione di essere al centro[7].

È una diagnosi, ma anche una terapia, di grande densità, che meriterebbe una riflessione e un'articolazione ulteriori e una competenza molto maggiore della mia. Ma credo che queste parole ci diano importanti avvertimenti e una costruttiva ispirazione. Riprendo, anzitutto, questa prospettiva di un nuovo tipo di santità «senza precedenti». Può forse parere contraddittorio con quanto detto finora (quel riferimento ai "santi che ci precedono"), ma Simone Weil scrive, come già detto, in un momento drammatico della storia del continente europeo. Forse davvero sentiva la necessità di un'esperienza di assimilazione a Cristo, di assimilazione al Vangelo, inedita, nuova, che attraversasse tutti: laici, religiosi, sacerdoti; un'esperienza di profezia, di radicalità, di argine contro la dismisura. In risposta alla sollecitazione di una storia che, nonostante il drammatico periodo, lei riconosce essere ben diversa da come appare, coperta come è da strati di polvere e di marciume. Questi "strati" corrispondono perfettamente alle "ceneri" cantate da Mario Luzi e a quel "deserto" dal quale la comunità prega, secondo il testo della colletta della prima domenica di Quaresima: «Ascolta, o Signore, la voce della Chiesa che ti invoca dal deserto del mondo...». Solo il vento dello Spirito, attraverso una nuova santità, può rimuovere sia le dune del deserto,

[7] S. Weil, *Attesa di Dio*, Adelphi, 1978.

che la cenere, che la polvere e il marciume, per mettere a nudo «tutta la verità e la bellezza che sono nel mondo»: esse sono riscontrabili, desiderabili, testimoniabili attraverso una ritrovata passione di santità, attraverso una rigenerata speranza radicata nel Vangelo. E badiamo bene che «l'irrealtà e il sogno» di cui lei parla, non sono il sogno speranzoso di La Pira, ma il sonno del cuore e della ragione del suo e del nostro tempo.

Siamo invitati a destarci: «Aprire gli occhi sulla realtà, vedere la luce, ascoltare il vero silenzio». Si tratta di tre esperienze che possono portarci non sulla collina di San Miniato, ma niente di meno che sulla collina del Tabor. La luce di cui parla Simone Weil è forse davvero la medesima luce apparsa, per la prima volta nella nostra storia, sul Tabor. Una luce di bellezza che, pur nell'estasi insostenibile, ha davvero «svegliato» – per riprendere ancora le suggestive immagini della Weil – i discepoli, che erano «oppressi dal sonno e che» – ci avverte Luca (9,32) – «tuttavia, restarono svegli». A loro, quella luce ha mostrato la più integra autenticità del loro Signore: «Il suo volto brillò come il sole» (Mt 17,2). Li ha come tentati, nell'ingenuo e inaccettabile desiderio di arrestare il fiume della storia, tanto era bello per loro rimanere lassù – «Maestro, è bello per noi stare qui» (Lc 9,33) –, inghiottiti dalla luce che rivela la gloria del Figlio, l'energia dello Spirito, l'amore del Padre. Ma si tratta anche di una rivelazione – «questo è il Figlio mio l'Eletto, ascoltatelo» – che sollecita la nostra responsabilità in ordine al mondo e alla storia. «Aprire gli occhi sulla realtà, vedere la luce, ascoltare il vero silenzio»: tutto ciò significa rinunciare alla nostra illusione di essere al centro. Queste parole di Simone Weil ci accompagnano su quella stessa montagna di luce per intuire, in silenzioso ascolto della Parola di Dio, che il vero realismo non è fermarsi agli strati di polvere e di marciume che, talvolta (troppe volte, ahimè), ci lanciamo uno sull'altro, ma è contemplare il nuovo Adamo nella sua gloria luminosa, il bagliore dello Spirito che investe, come primavera e promessa pasquale, la carne del Figlio, la nostra stessa carne, nel suo farsi obbediente ai disegni di salvezza del Padre.

Ne consegue la necessità di "ascoltare l'ascolto" del Figlio e "obbedire all'obbedienza" del Figlio. Non sono giochi di parole: è quello che dobbiamo portarci nel cuore, se vogliamo che il compiacimento del Padre possa brillare anche sulla nostra vita. È questa una mirabile via per restaurare in noi la consapevolezza di essere autenticamente, tutti noi, figli nel Figlio. Solo con questa conformazione al «più bello tra i figli dell'uomo» (Sal 45,3) – rinunciando alla nostra illusione di essere al centro, lasciando Cristo al centro della storia e dello spazio – possiamo sperare di tornare ad ascoltare il compiacimento che Dio manifestò fin dall'inizio nei riguardi della sua prediletta creazione: «E Dio vide quanto aveva fatto, ed era cosa molto buona, molto bella, insieme» (cfr. Gen 1,31). Quel compiacimento è il medesimo che riecheggia nella storia, sul monte Tabor, luogo della manifestazione della comunione trinitaria, come gloria e bellezza; esperienza estetica non banalmente fine a se stessa, in cui la luce di presenza e il silenzio di ascolto lasciano risuonare la Parola del Padre.

Vogliamo tornare ad ascoltarla, questa Parola. «Questi è il Figlio mio prediletto, nel quale mi sono compiaciuto» (cfr. Mt 17,5). Sappiamo benissimo come si arriva al Tabor: il Signore Gesù ha manifestato con grande forza il suo desiderio di compiere fino in fondo, nella sua carne, nel suo cuore, nella sua vita, la volontà del Padre Celeste. Dal monte Tabor, però, si deve anche scendere, per tornare nella storia, per una missione possibile solo grazie a una santità che «scaturisca improvvisa», come un'invenzione, non certamente nostra sia chiaro: l'invenzione con cui lo Spirito Santo ci dona i carismi per una vita santa qui e ora. Con essa, aprendo gli occhi sulla realtà, potremo rimettere a nudo la verità e la bellezza che sono nel mondo. E così, soltanto così, «potrà risplendere – riprendo Matteo 5,16 – la vostra luce davanti agli uomini, affinché, vedendo le vostre opere belle e buone [il testo greco ha *kalà*: "bellezza"] rendano gloria al Padre». Come è facilmente intuibile, qui non si tratta di estetica fine a se stessa, ma di estetica ed etica insieme, generate dalla luce che ci disponiamo a ricevere, ad accogliere, sul monte Tabor, rinunciando a essere noi al centro di tutto e rimettendo al centro Cristo; conformando il nostro orecchio al suo ascolto obbediente, alla sua fame di obbedire alla volontà del Padre Celeste. L'alternativa è la schermatura di noi stessi, quella schermatura di marciume, cenere e polvere evocati da Luzi e da Simone Weil.

Lasciamo risuonare il capitolo 28 di Ezechiele (1-10), in cui il profeta parla al re di Tiro, perfetta immagine dell'uomo che si scherma con la ricchezza di cui già abbiamo udito in Apocalisse: «sono ricco, non ho bisogno di nulla», non ascolto la mozione dello Spirito Santo che chiede conversione. Il testo di Ezechiele è potente:

> Mi fu rivolta questa parola del Signore:
> «Figlio dell'uomo, parla al principe di Tiro: Così dice il Signore Dio:
>
> Poiché il tuo cuore si è insuperbito e hai detto:
> "Io sono un dio,
> siedo su un trono divino in mezzo ai mari",
> mentre tu sei un uomo e non un dio,
> hai reso il tuo cuore come quello di Dio,
> ecco, tu sei più saggio di Daniele,
> nessun segreto ti è nascosto.
> Con la tua saggezza e la tua intelligenza
> hai creato la tua potenza
> e ammassato oro e argento nei tuoi scrigni;
> con la tua grande sapienza e i tuoi traffici
> hai accresciuto le tue ricchezze
> e per le tue ricchezze si è inorgoglito il tuo cuore.
> Perciò così dice il Signore Dio:
> Poiché hai reso il tuo cuore come quello di Dio,
> ecco, io manderò contro di te
> i più feroci popoli stranieri;
> snuderanno le spade contro la tua bella saggezza,
> profaneranno il tuo splendore.

Ti precipiteranno nella fossa
e morirai della morte degli uccisi in mare.
Ripeterai ancora: "Io sono un dio",
di fronte ai tuoi uccisori?
Ma sei un uomo e non un dio,
in balìa di chi ti uccide.
Per mano di stranieri morirai
della morte dei non circoncisi,
perché io ho parlato».
Oracolo del Signore Dio.

Ecco dove porta la schermatura del sé, la struttura "a crostaceo": fuori la rigidità, dentro quella fragilità che, non conservando l'umiltà bisognosa, di uno spirito che trasfiguri il nostro cuore, va incontro a una penosa sventura.

Perciò, l'esito di un bel cammino quaresimale è lasciare che la mano di Dio restauri la nostra bellezza. Manteniamo la disponibilità umile a rimettere nelle mani di Dio la nostra struttura; essa, contro ogni nostra presunzione, resta argilla; inabitata dal soffio di Dio, ma argilla, fragile e povera.

Infine, ecco due suggestioni che attingono alla grande tradizione dei Padri. La loro forza evocativa non ha bisogno di alcun commento. Vi affliggo con la penitenza dell'ascolto, ma anche questo è un programma quaresimale. Sono troppo belle le parole di Ireneo perché non ve le proponga:

> Come sarai Dio, se ancora non sei divenuto uomo? Come sarai perfetto, se sei appena stato creato? [...] Prima tu devi custodire la tua condizione di uomo, e poi partecipare alla gloria di Dio. Perché non sei tu che fai Dio, ma è Dio che fa te. Se dunque tu sei opera di Dio, aspetta la mano del tuo Artefice, che fa tutte le cose al tempo opportuno [...]. Presentagli il tuo cuore morbido e malleabile e conserva la forma che ti ha dato l'Artista, trattenendo in te l'Acqua che viene da lui per non rifiutare, indurendoti, l'impronta delle sue Dita. Conservando questa conformazione, salirai alla perfezione e l'arte di Dio nasconderà l'argilla che c'è in te; la sua Mano creatrice ti rivestirà di oro puro e di argento dentro e fuori; ti adornerà così bene che il Re stesso sarà preso dalla tua bellezza. Se invece ti indurisci e rifiuti la sua arte e ti mostri ingrato verso di lui perché ti ha fatto uomo, con la tua ingratitudine verso Dio tu perdi insieme la sua arte e la vita: fare è proprio della bontà di Dio, ed essere fatto è proprio della natura dell'uomo. Se tu dunque gli affiderai ciò che è tuo, vale a dire la fede in lui e la sottomissione, riceverai la sua arte e sarai opera perfetta di Dio[8].

Qui c'è tutto il programma della Quaresima: «*Fare* è proprio della bontà di Dio, ed *essere fatto* è proprio della natura dell'uomo». Questo "passivo" è teologico e antropologico insieme: «*Essere fatto* è proprio della natura dell'uomo».

[8] Ireneo di Lione, *Adversus Haereses*, IV,39,2.

Altrettanto bello è un altro testo, di Agostino, che ci ricorda che cosa sia la vera bellezza e come la si riceva. Il Vescovo di Ippona così raccomanda, commentando un versetto pieno di verità della Prima Lettera di san Giovanni (4,19):

> «Noi dunque amiamolo perché Egli per primo ci ha amato». Quale fondamento avremmo per amare se Egli non ci avesse amati per primo? Amando siamo diventati amici, ma Egli ha amato noi quando eravamo suoi nemici per poterci rendere amici. Di nuovo, la primazia di Dio, l'anteriorità del suo agire, il nostro *essere* amati, *essere* fatti, *essere* decorati dalla sua bellezza. Ci ha amati per primo e ci ha donato la capacità di amarlo: ancora noi non lo amavamo; amandolo, diventiamo belli[9].

Ecco la prospettiva con la quale tornare a parlare di bellezza alla nostra gente. Il nostro mondo bada moltissimo alle apparenze; la bellezza è un po' ormai l'unica misura con cui i giovani si accettano e accettano gli altri. Quindi, la nostra parola – anche pastorale – deve evocare questa dimensione, radicandola però profondamente nel respiro amoroso che l'uomo da solo non può darsi, che solo la grazia restituisce come restauro più efficace di qualsiasi – avrete sentito questa espressione, che fa sorridere, ma è indicativa delle risorse con le quali presumiamo di sconfiggere il tempo – *crema anti-age*. Confesso che la

[9] Agostino, *Commento alla Prima lettera di Giovanni*, Città Nuova, 1968. Qui e per le seguenti citazioni dove non indicato diversamente.

vendiamo anche nel nostro negozio monastico, fatta dalle monache trappiste di Valserena. Si dice funzioni, però io non la provo. Torniamo ad Agostino:

> La nostra anima, o fratelli, è brutta per colpa del peccato: essa diviene bella amando Dio. Quale amore rende bella l'anima che ama? Dio sempre è bellezza, mai c'è in lui deformità o mutamento. Per primo ci ha amati lui che sempre è bello, e ci ha amati quando eravamo brutti e deformi. Non ci ha amati per congedarci brutti quali eravamo, ma per mutarci e renderci belli da brutti quali eravamo. In che modo saremo belli? Amando lui, che è sempre bello.

Agostino, d'altronde, riconosce come il Signore Gesù, pur di donarci la sua bellezza, si sia anche fatto brutto: l'ha fatto sulla Croce, accettando quello sconvolgimento del suo corpo fortemente presagito e profetato da Isaia: «Egli non aveva più bellezza né decoro», ascolteremo nella Settimana Santa. Agostino ha un passaggio teologico-antropologico che solo la sua grande forza retorica poteva consegnare, a consolazione dei nostri cuori. Dice: «Dio si è fatto deforme – *deformis* – per donarci la sua *dei formitas*», la possibilità di un restauro radicale. Ha accettato la deformità per restituirci quella stessa conformazione alla vita e alla bellezza divina che Dio Creatore aveva sognato all'inizio della creazione.

Concludo con un'ulteriore riflessione sulla misura. La misura ci restituisce un *ethos* segnato dalla passione per il bello, dalla consapevolezza della nostra piccolezza (che l'umiltà ci fa riscoprire) e, nello stesso tempo, dell'immensa responsabilità che abbiamo nel nostro agire ecclesiale, umano. Chi ha una ministerialità insieme vocazionale e artistica ce l'ha per togliere la polvere e la cenere da questo mondo e per restituirlo alla sua autentica bellezza. Papa Benedetto, il Papa emerito, riflettendo al Collegio dei Bernardini di Parigi (12 settembre 2008) sulla grande tradizione e il contributo della cultura monastica, ci avvertì in questi termini importanti:

> Questo *ethos* dovrebbe però includere la volontà di far sì che il lavoro e la determinazione della storia da parte dell'uomo siano un collaborare con il Creatore, prendendo da Lui la misura. Dove questa misura viene a mancare e l'uomo eleva se stesso a creatore deiforme, la formazione del mondo può facilmente trasformarsi nella sua distruzione.

Sono questi i grandi rischi che, da molteplici punti di vista – culturale, politico, morale, estetico, ecologico –, il nostro pianeta corre; ed è proprio per questo che una sempre più intensa accorata testimonianza di bellezza e di speranza, che il nostro essere Chiesa può, per grazia di Dio, donare come servizio al mondo intero, appare davvero una frontiera di missionarietà imprescindibile e urgentissima.

Vi lascio con una mirabile poesia di Mario Luzi che, con poche sillabe, ci restituisce tutto quanto siamo venuti dicendo, nell'essenzialità del verso. Luzi si immagina di essere Simone Martini, il grande pittore, a cui dobbiamo forse la più bella "Annunciazione" della storia dell'Arte; si vede in estasi di fronte al suo capolavoro, pieno di oro, col turchese del manto della Vergine... Ma è assalito da una tentazione: la tentazione del compiacimento per la propria opera, come l'avesse fatta schermando se stesso dall'ispirazione divina e lavorando solo e soltanto con i propri talenti, con le proprie risorse, dimenticando a quale scopo e per chi ha fatto quella pittura, con quale nobile missione. Ne sorge un'invocazione: che la Beata Vergine Maria non abbandoni quel dipinto, resti lì a dare piena pregnanza, significato e valore a quella bellezza, perché essa non ricada su se stessa come vaniloquio, come colpa, banale e sterile compiacimento di chi l'ha dipinta.

Rimani dove sei, ti prego,
così come ti vedo.
Non ritirarti da quella tua immagine,
non involarti ai fermi
lineamenti che ti ho dato
io, solo per obbedienza.
Non lasciare deserti i miei giardini
d'azzurro, di turchese,
d'oro, di variopinte lacche
dove ti sei insediata
e offerta alla pittura
e all'adorazione,
non farne una derelitta plaga,
primavera da cui manchi,
mancando così l'anima,

il fuoco, lo spirito del mondo.
Non fare che la mia opera
ricada su se medesima,
                    diventi vaniloquio, colpa[10].

Amen.

[10] M. Luzi, *Viaggio terrestre e celeste di Simone Martini*, Garzanti, 1994.

«RICORDATE?»

12 marzo – pomeriggio

Così tu ripaghi il Signore,
popolo stolto e privo di saggezza?
Non è lui il padre che ti ha creato,
che ti ha fatto e ti ha costituito?
Ricorda i giorni del tempo antico,
medita gli anni lontani.
Interroga tuo padre e te lo racconterà,
i tuoi vecchi e te lo diranno.
Quando l'Altissimo divideva le nazioni,
quando separava i figli dell'uomo,
egli stabilì i confini dei popoli
secondo il numero dei figli d'Israele.
(Dt 32,6-8)

Avrete riconosciuto senz'altro il Cantico di Mosè, grande inno di gratitudine, di riconoscenza, ma anche di riconoscimento dell'agire del Signore nella storia di Israele. Vi è una consapevolezza nuova, per quel popolo che, mediante un ricordo e una memoria accurati, riporta alla propria coscienza tutto il bene che il Signore ha fatto per esso – per noi. Riprendendo anche i versi di Mario Luzi per la città di Firenze, finalmente memore di come essa «levò alto i pensieri, stellò forte la notte, inastò le sue bandiere di pace e di amicizia», quando il sindaco La Pira davvero la rese «la città posta sul monte», anche noi, con il salmista, non possiamo che dire e ridire: «Benedici il Signore, anima mia. Non dimenticare tutti i suoi benefici» (Sal 103,2). Ciò se vogliamo perseverare nell'essere oggetto e soggetto di una storia della salvezza che il Signore tenta di scrivere anche oggi con la nostra umile obbedienza, disponibilità e malleabilità alla luce della misura che la Parola del Vangelo ci riversa giorno dopo giorno con la luce dello Spirito Santo.

Uno sguardo sul nostro presente credo sia d'obbligo: non semplicemente per criticare e condannare, ma per lasciarci interrogare circa le grandi sfide che il nostro agire ecclesiale, nella luce dello Spirito, intende assumere. Lo scopo è restituire all'uomo e alla donna del nostro tempo la consapevolezza di una necessità, di una memoria grata e operosa, viva e creativa, schiusa alla forza e alla dinamica della speranza. Mi servo, per questo, della lettura attenta di un grande sociologo del nostro tempo, Marc Augé, non credente, ma assai sensibile nel cogliere come oggi l'uomo contemporaneo viva il suo rapporto con il tempo. Augé scrive:

> Oggi imperversa nel pianeta un'ideologia del presente e dell'evidenza che paralizza lo sforzo di pensare il presente

come storia: da uno o due decenni a questa parte il presente è divenuto egemonico. Agli occhi dei comuni mortali esso non è più l'esito del lento evolversi del passato, non lascia più intravedere un abbozzo del futuro possibile, ma si impone come un fatto compiuto, opprimente, che fa dileguare il passato e blocca l'immaginazione dell'avvenire[11].

Memoria e speranza di fatto atrofizzate da questo presente, che le persone vivono, anzi subiscono, come immodificabile e niente affatto generato da un passato che la lacerazione di tanti alberi di trasmissione (come per esempio la famiglia, la convivenza con i nonni, con i nonni dei nonni) effettivamente non offre più, non consente più soprattutto alle nuove generazioni.

Questa angosciata diagnosi di Marc Augé, relativa a una vera e propria dittatura dell'«incerto presente» – così lo definisce –, ci dà conferma di una patologia vera e propria dell'uomo contemporaneo, sgretolato da un pragmatismo tecnologico e dominante e, pertanto, tentato di subordinare alla percezione dell'immediatezza la feconda fatica della memoria e della speranza. È faticoso fare memoria; è difficile ricordare, cioè riportare a un cuore attento e grato, gli eventi del passato. Tutto ci scorre fra le mani.

Il nostro rapporto con il tempo, con gli oggetti, financo con le persone assomiglia moltissimo a una evocativa poesia di Borges, che amo molto: *Le cose*. Gli oggetti che

[11] M. Augé, *Dittatura dell'incerto presente*, in «Repubblica», 5 maggio 2006.

il poeta guarda, in una sorta di stanza del tempo sospesa, assomigliano a dei fossili, indisponibili a una relazione duratura, empatica con un uomo che di fatto è inghiottito da una sorta di oblio che tutto cancella:

Il bastone, le monete, il portachiavi,
la docile serratura, i tardivi
appunti che non leggeranno i pochi giorni
che mi restano, le carte da gioco e la scacchiera,
un libro e fra le sue pagine l'avvizzita
violetta, monumento di una sera
di certo indimenticabile e già dimenticata,
il rosso specchio occidentale dove arde
un'illusoria aurora. Quante cose,
lime, soglie, atlanti, bicchieri, chiodi,
ci servono come taciti schiavi,
cieche e stranamente silenziose!
Dureranno di là del nostro oblio;
non sapranno mai che ce ne siamo andati[12].

La serata indimenticabile e già dimenticata, con la reliquia avvizzita della viola, con gli oggetti destinati a sopravvivere al nostro oblio ma in una sorta di muta incoscienza... Più ancora significativa è l'immagine bellissima ed efficace di un'aurora illusoria, perché presente solo nel riflesso di uno specchio volto al tramonto. Tutto esprime, con mesta lucidità, un rassegnato sentimento del tempo che presuppone sostanzialmente la di-

[12] J.L. Borges, «Le cose», in *Elogio dell'ombra*, Einaudi, 1971.

sfatta della memoria e l'inconsistenza di ogni speranza. Proprio quella dittatura, di cui ci ha detto Marc Augé, «dell'incerto presente».

A fronte di tutto questo vengono in mente gli avvertimenti importanti di un teologo già ricordato in precedenza, un martire del nostro tempo, Dietrich Bonhoeffer, il quale si trova a vivere, nella sua nazione, un tempo disponibile alla dimenticanza di errori passati e di tragici rischi presenti. Il suo ammonimento riguardo alla memoria suona ancora più decisivo, ancora più ultimativo, con conseguenze morali che dobbiamo prendere tutti profondamente sul serio. Scrive:

> La perdita della memoria morale non è forse il motivo dello sfaldarsi di tutti i vincoli, dell'amore, del matrimonio, dell'amicizia, della fedeltà? Niente resta, niente si radica. Tutto è a breve termine, tutto ha breve respiro. Ma beni come la giustizia, la verità, la bellezza e in generale tutte le grandi realizzazioni richiedono tempo, stabilità, "memoria", altrimenti degenerano. Chi non è disposto a portare la responsabilità di un passato e a dare forma a un futuro, costui è uno "smemorato", e io non so come si possa colpire, affrontare, far riflettere una persona simile[13].

Credo che siano molto importanti queste parole; credo che destino in noi grandi interrogativi. Non a caso Mario Luzi iniziava la lirica da cui abbiamo preso iniziale spunto con il forte interrogativo: «Ricordate?». Dob-

[13] D. Bonhoeffer, *Resistenza e resa*, San Paolo, 2015.

biamo fare un esercizio faticoso di memoria, portando in cuore una stagione importante della vita della nostra città, non per relegarla a una sorta di nostalgia archeologica ma, al contrario, come ci sta dicendo qui Bonhoeffer, perché con quella memoria possiamo di fatto dare forma a un futuro. Giustizia, verità, bellezza, tutte le grandi realizzazioni richiedono tempo, stabilità, memoria; altrimenti degenerano. È la fatica della perseveranza nello stare nel tempo, nella storia.

È significativo che molte persone salgano a un monastero convinte, talvolta, di trovare una sorta di spiritualità che le dispensi dalla storia; esse intravedono, in modo del tutto erroneo, il monastero come uno spazio decontestualizzato dalla fatica della storia, da quel *labor* che non solo è dell'uomo, ma è anche di Dio. La fatica della storia è però quella con la quale siamo chiamati a edificare la nostra città, affinché sia il riflesso credibile della Gerusalemme celeste. Di tutt'altro genere è la spiritualità del disimpegno che propone la fuga verso una sorta di nube dell'inconsapevolezza, dove profonde e complesse filosofie orientali si traducono in una versione di fatto commercializzata a uso e consumo di un nostro presunto bisogno di pace, di quiete, di deresponsabilizzazione. Invitarci e invitare alla memoria significa arginare questa profonda tentazione.

Nella meditazione precedente abbiamo udito della tentazione di Pietro: «Maestro, è bello per noi restare quassù». Non si può e non si deve restare sul Tabor: per arrivare alla Pasqua occorre passare da ben altra collina, quella del Calvario. E così, di fatto, il nostro itinerario pasquale non prescinde dalla fatica di una memoria che si misura col presente, raccogliendone le difficili sfide, perché con la luce dello Spirito e la dinamica della speranza ci mettiamo al servizio dei progetti salvifici del Signore, senza timore di affrontare qualsiasi deserto Egli ci chieda di attraversare, pur di giungere alla meta pasquale. Non a caso, nel capitolo VII della *Regola*, il fondamentale capitolo dell'umiltà, il nostro santo padre Benedetto ci avverte: «*Oblivionem omnino fugiat et sempre sit memor* – sempre di fatto si fugga la dimenticanza e sempre sia, il monaco umile, memore».

È una prospettiva che il nostro Papa ha connesso profondamente ed efficacemente con l'annuncio evangelico, che è fatica, ma anche e soprattutto gioia. Nel numero 13 di *Evangelii Gaudium*, ha scritto:

> La memoria è una dimensione della nostra fede che potremmo chiamare deuteronomica [come ci ha confermato l'incipit stesso di questa meditazione], in analogia con la memoria di Israele. Gesù ci lascia l'Eucaristia come memoria quotidiana della Chiesa, che ci introduce sempre più nella Pasqua (cfr. Lc 22,19). La gioia evangelizzatrice brilla sempre sullo sfondo della memoria grata: è una grazia che abbiamo bisogno di chiedere. Gli Apostoli mai dimenticarono il momento in cui Gesù toccò loro il cuore: «Erano circa le quattro del pomeriggio» (Gv 1,39). Insieme a Gesù, la memoria ci fa presente una vera «moltitudine di testimoni» (Eb 12,1). Tra loro, si distinguono alcune persone che hanno inciso in modo speciale per far germoglia-

re la nostra gioia credente: «Ricordatevi dei vostri capi, i quali vi hanno annunciato la Parola di Dio» (Eb 13,7).

La chiesa e, nel mio piccolo caso, il monastero a cui appartengo, sono per la città luoghi in cui si avverte la possibilità, soprattutto per le nuove generazioni, di riannodare passato, presente e futuro verso nuovi orizzonti di speranza. Sanno ancora, le nostre chiese, essere spazi dove, chi entra avverte la vivacità, la vitalità – per usare l'espressione di san Bernardo con cui ho iniziato questi esercizi –, la vividezza di una vita radicata nella memoria della Pasqua del Signore Gesù e, come tale, capace di toccare tutto quel che è dei nostri giovani – spirito, anima e corpo, cuore, sensi attraverso la bellezza? Sanno produrre stupore, ma anche comprendere le paure, le angosce? Avvertono, i giovani, nella nostra testimonianza ecclesiale, una memoria affidabile, che ispiri un futuro altrettanto affidabile?

Ci è di fondamentale aiuto l'esperienza a cui pure allude il Santo Padre, quella liturgica; ma ci è soprattutto di aiuto uno sguardo complessivo sulla tradizione della Chiesa. Sento il bisogno di condividere con voi altre parole – perdonatemi questo "rovescio" di citazioni –, peraltro per me molto importanti, nell'evolversi della mia povera vocazione. Nel maggio 1995, papa Giovanni Paolo II pubblicò un testo importantissimo per la sensibilità ecumenica e anche monastica: *Orientale lumen*. Al n. 8 di quel documento, il santo Papa sembra riecheggiare –

o meglio anticipare – la diagnosi che abbiamo ascoltato nelle parole di Marc Augé. Egli diceva:

> Spesso oggi ci sentiamo prigionieri del presente; è come se l'uomo avesse smarrito la percezione di far parte di una storia che lo precede e lo segue. A questa fatica di collocarsi tra passato e futuro con animo grato per i benefici ricevuti e per quelli attesi, in particolare le Chiese dell'Oriente offrono uno spiccato senso della continuità, che prende i nomi di tradizione e di attesa escatologica.

Due termini sono molto importanti: «tradizione» e «attesa escatologica». Vorrei intrattenermi su di essi, ricollegandomi ancora all'invito di Luzi, che richiamava la città alla memoria attraverso il ricordo dei santi sepolti nella nostra basilica e, contemporaneamente, al futuro pieno di speranza. È evidente, ormai, che questo legame fra tradizione e attesa escatologica sia un argomento centrale di questi esercizi spirituali. Sempre in riferimento alla tradizione orientale, Giovanni Paolo II ricorda come tutta la liturgia sia memoriale della salvezza e invocazione del ritorno del Signore. E, se la tradizione insegna alle Chiese la fedeltà a ciò che le ha generate, l'attesa escatologica le spinge a essere ciò che ancora non sono in pienezza, ciò che il Signore vuole che diventino: esse devono quindi cercare sempre nuove vie di fedeltà, vincendo il pessimismo, perché sono proiettate verso la speranza di Dio che non delude.

Già abbiamo parlato di inquietudine: a Firenze, papa

Francesco, sotto la cupola, ce lo disse chiaramente: «Desidero una Chiesa italiana inquieta»[14]. Dunque, vincendo il pessimismo, proiettati verso la speranza, cerchiamo insieme nuove vie di fedeltà al Signore, arricchiti dalla linfa che ci arriva dalla tradizione, senza paura. Dobbiamo mostrare agli uomini – diceva san Giovanni Paolo II – la bellezza della memoria, la forza che ci viene dallo Spirito e che ci rende testimoni perché figli di testimoni; dobbiamo far gustare le cose stupende che lo Spirito ha disseminato nella storia, mostrando che la tradizione è la forza che le conserva; ma dobbiamo anche dare speranza a coloro che, pur non avendo veduto i loro sforzi coronati dal successo, sanno che qualcun altro li porterà a compimento. «Allora l'uomo si sentirà meno solo, meno rinchiuso nell'angolo angusto del proprio operato individuale», chiosa il santo Pontefice.

Più volte abbiamo anche ascoltato dalla parola di Giorgio La Pira e dalla poesia di Mario Luzi, come davvero la portata caritativa della testimonianza si rivolge ai cittadini, perché si sentano finalmente di nuovo *coralità partecipe* di un destino comune. E la Chiesa, più che mai, deve testimoniare tutto questo: la Chiesa più che mai. Ciò è importante soprattutto per i nostri ragazzi, spesso figli di famiglie di genitori divisi, senza la grazia di una educazione, di una convivenza che li abbia maturati a un'esperienza di ricordi, di preparazione al futuro: quanto è importante che, nelle comunità ecclesiali – almeno lì –,

[14] Cfr. *Discorso alla Chiesa italiana*, 10 novembre 2015.

essi percepiscano una tradizione che li avvia alla vita, con prospettive in cui non si è più soli.

Quindi, nessun ripiegamento nostalgico verso una tradizione che, se fosse effettivamente soltanto una mera e anchilosata custodia museale, testimonierebbe di fatto solo poca fede nell'agire dello Spirito Santo. San Giovanni Paolo scriveva ancora con grande lucidità, sempre in *Orientale Lumen* n. 8:

> La Tradizione è patrimonio della Chiesa di Cristo, memoria viva del Risorto incontrato e testimoniato dagli Apostoli che ne hanno trasmesso il ricordo vivente ai loro successori, in una linea ininterrotta che è garantita dalla successione apostolica, attraverso l'imposizione delle mani, fino ai Vescovi di oggi. Essa si articola nel patrimonio storico e culturale di ciascuna Chiesa, plasmato in essa dalla testimonianza dei martiri, dei padri e dei santi, nonché dalla fede viva di tutti i cristiani lungo i secoli fino ai nostri giorni.

Di nuovo, il ricordo degli antichi santi. È bellissimo il fatto che non esista esercizio di memoria e di speranza nella linfa vitale della Tradizione, a prescindere dalla santità, ossia da un'autentica e appassionata conformazione a Cristo, che lo Spirito Santo intende rinnovare su ciascuno, *anche* nel tempo favorevole di questa Quaresima. Pertanto, aggiungeva Giovanni Paolo II, «si tratta non di una ripetizione immutata di formule, ma di un patrimonio che custodisce il vivo nucleo kerigmatico originario», come il fuoco sotto le ceneri. «È la Tradizione che sottrae la Chiesa al pericolo di raccogliere solo opinioni mutevoli e ne garantisce certezza e continuità». Nello stesso tempo, essa «non è mai pura nostalgia di cose o forme passate, o rimpianto di privilegi perduti, ma memoria viva della Sposa conservata eternamente giovane dall'Amore che la inabita».

Se, dunque, la Tradizione ci pone in continuità con il passato, l'attesa escatologica ci apre al futuro. Ed ecco l'avvertimento importante che san Giovanni Paolo II lanciava in quell'ormai lontano 1995:

> Ogni Chiesa deve lottare contro la tentazione di assolutizzare ciò che compie e quindi di autocelebrarsi o di abbandonarsi alla tristezza. Ma il tempo è di Dio, e tutto ciò che si realizza non si identifica mai con la pienezza del Regno, che è sempre dono gratuito.

In questa prospettiva, l'avvertimento che risuona per noi è un senso di grande e ritrovata fede: condurre al largo la barca sull'invito che il Signore Gesù ci fa, senza paura di restare inchiodati alla riva e, allo stesso tempo, senza paura di quel futuro aperto verso il quale il vento dello Spirito ci sospinge, in una prospettiva che ci deve dispensare da ogni autocelebrazione. Questo è un aspetto importante, che credo davvero significativo, se vogliamo tornare a parlare al cuore della nostra gente, soprattutto dei nostri giovani, i quali diffidano da tutto ciò che sa di retorica autocelebrativa; essi sentono l'esigenza di genuinità, di autenticità, di cuori semplici che insegnano a fidarsi del Signore, facendo a meno dei tanti inutili orpelli che rassicurano l'esteriorità ma, di fatto, non possono contribuire a convertire il loro e, prima ancora, il nostro cuore.

È questa una prospettiva che voglio ribadire, per me, prima di tutto: il ricordo dei Padri che ci hanno preceduto, delle voci autorevoli che ci donano una linfa ricca, generosa, feconda di quella *traditio* di cui non possiamo fare a meno. Mi è caro condividere con voi una riflessione teologica esigente, ma di grande bellezza e di grande forza evocativa, che dobbiamo a Joseph Ratzinger: la scrisse nel 1977. Si stava occupando, allora, della pneumatologia nel Vangelo di Giovanni; la qualificava come una vera e propria mobilitazione della memoria, lasciandoci intuire come, nel libro giovanneo, l'esperienza dello Spirito Santo fosse quella della memoria "del Padre e del Figlio" e della "Parola del Signore Gesù", in una totale dimenticanza di sé. Questa definizione dello Spirito Santo come di Colui che è dimentico di se stesso, mi ha sempre profondamente affascinato e la inscrivo in questa mia prospettiva di insistenza sulla memoria non autocelebrativa ma ministeriale, al servizio della Parola. Scriveva, dunque, Ratzinger:

> Lo Spirito Santo non parla di se stesso, ma «di ciò che è mio», dice Gesù (Gv 16,14). Egli si riconosce per la sua fedeltà alla Parola, una volta pronunciata. Anche il Cristo si caratterizza per il fatto che può dire: «La mia dottrina non è mia»: è questa dimenticanza di sé che lo contraddistingue.

Il fatto che non dia testimonianza a se stesso, è ciò che lo accredita presso il mondo. L'anticristo, invece, si riconosce dal fatto che parla a nome proprio. Lo stesso vale per lo Spirito Santo: se si rivela come Spirito trinitario, Spirito del Dio in tre Persone, è proprio perché non appare da se stesso, separato inseparabile, ma scompare nel Padre e nel Figlio. La natura dello Spirito Santo, unità del Padre e del Figlio, è la dimenticanza di sé: in questo consiste la memoria. È l'autentico rinnovamento. Una Chiesa pneumatica è una Chiesa che, ricordando, penetra più in profondità nella Parola divenendo così più viva e più ricca. Vera dimenticanza di sé, distacco per entrare nel tutto: ecco il contrassegno dello Spirito, riflesso della sua natura trinitaria[15].

Questi esercizi spirituali – questo essere nel deserto che, pur verde e ricco di acqua, simbolico, è pur sempre un deserto – sono una forma di distacco per entrare nel tutto, ma sono anche la dimenticanza di noi stessi, perché tutto di noi diventi il luogo ove risuona l'autenticità della Parola di Dio, senza aggiungervi nulla che la deformi, che la modifichi, che la renda strumentale alle nostre necessità, alle nostre tentazioni di potere, di successo, di vanità… È quanto, come monaci sulla città, ci domandiamo: la bellezza che abbiamo ricevuto in dono è davvero una sorta di prisma cristallino, che fa arrivare l'annuncio profetico della vittoria pasquale del Signore Gesù sulle tenebre della notte, sul buio del nostro peccato, ogni mattina, quando sorge il sole sulla città? Se è così, allora la

[15] J. Ratzinger, *Il Dio di Gesù Cristo*, Queriniana, 1978.

prospettiva con la quale possiamo tornare a parlare del tempo, in una dinamica tutta inabitata dalla forza pasquale in cui solo la Parola di Dio, vivificata da un ascolto nello Spirito e testimoniata da una passione profetica può, più che mai oggi, rendersi necessaria per una missione credibile. E *deve* rendersi necessaria.

Potremmo ancora insistere su come, nella nostra epoca, la gente senta il bisogno di rifugiarsi nei ricordi e nei beni nostalgici. Può sembrare semplicemente una moda, ma che cosa ci dice l'attenzione crescente al cosiddetto *vintage*? Questo bisogno che, soprattutto le nuove generazioni, hanno di rifugiarsi in oggetti, in mode, in musiche che sono di anni passati – anni Cinquanta, anni Sessanta... Credo sia importante stare attenti a questi segni che ci confermano come i ragazzi, di fatto, hanno paura del futuro; si rifugiano in beni che, con il loro stile particolarmente arcaizzante, diventano una sorta di rifugio, ancora una volta fuori dal presente che ci interpella, che ci scomoda, che ci chiede responsabilità, come più volte abbiamo detto in questi giorni.

È, questo, un altro segnale importante, notato non casualmente ancora da Marc Augé. Credo che tutti ci si renda facilmente conto della proliferazione assolutamente ingiustificabile della parola *evento*. Oggi, praticamente, qualsiasi fatto che accade, qualsiasi manifestazione è un *evento*. Ma in questa prospettiva noi perdiamo di vista cosa sia il vero *Evento*: era, questa, una parola che prima si usava per un fatto di grandissima importanza, di grandissimo significato. Forse, davvero, tornare alla grande esperienza della *traditio*, vivificata da una memoria viva e creativa e, soprattutto, a quell'esperienza per noi irrinunciabile, sorgente e culmine della nostra vita, che è la liturgia – in modo particolare l'Eucaristia –, ci dovrebbe far diffidare da questo uso smodato della parola *evento*. Per noi, di fatto l'unico evento è la Pasqua del Signore Gesù. Il suo irrompere sempre nuovo e inaudito come *kairòs* favorevole, rende qualunque "oggi" un possibile giorno di salvezza. Quante volte la liturgia ci fa cantare "*hodie*", per dire che l'insieme dei fatti della vita del Signore Gesù è il presente del nostro tempo, che lo Spirito Santo attualizza e rende disponibile "oggi" appunto, perché tutto si trasfiguri in rinnovata esperienza pasquale.

Possiamo davvero – con la parola di san Benedetto – glorificare il Signore in tutto, in una prospettiva che non vuole divorziare né dal presente né dalle cose che ci sono affidate, tornando a guardare alla realtà tutta intera in una dimensione di sinfonica, grata, contemplativa responsabilità. Ci aveva avvertiti, in questo senso, ancora una volta la parola di san Giovanni Paolo II, nella bellissima *Lettera ai sacerdoti*, per il Giovedì Santo del 1996, quando egli ci avvertiva di come tutta la nostra vita è chiamata a diventare *officium laudis*, ufficio di lode, affinché – direbbe ogni benedettino – in tutto sia glorificato Dio. *Officium laudis*, commentava allora il santo Papa, non sono soltanto le parole del salterio, gli inni liturgici, i canti del popolo di Dio fatti risuonare al cospetto del Creatore in tante lingue diverse; *officium laudis* è soprattutto l'incessante scoperta del vero, del bene e del bello che il mondo riceve in dono dal Creatore ed è, contemporaneamente, la scoperta del senso dell'esistenza umana.

Che questo nostro esercizio quotidiano di memoria attraverso l'ascolto della Parola di Dio, la celebrazione liturgica, la liturgia delle ore renda tutta la nostra esistenza *officium laudis*, perché la nostra testimonianza davvero torni a sposare l'uomo e la donna del nostro tempo in una ritrovata alleanza con il presente che Dio ci dona; e conduca così l'umanità intera senza paura, senza nostalgie e senza esitazioni verso quel futuro che il Signore prepara per noi.

Mi congedo ancora una volta con una breve intonazione poetica: è il bellissimo *Opus florentinum*[16] con il quale Mario Luzi canta i 700 anni della cattedrale di Firenze: si affacciano degli angeli coristi dal cielo e si rivolgono ai canonici in preghiera. La parola degli angeli diventa evocazione per una liturgia che sappia includere tutto: gratitudine, lode, speranza perché la città cresca intorno alla cattedrale, sempre più felice, prospera, bella e giusta.

ANGELI CORISTI:

Vi ascoltiamo, o Padri;
vi ascoltiamo tutti quanti

[16] M. Luzi, *Opus Florentinum*, Armando Dadò Editore, 2002.

nelle vostre obiurgazioni,
suppliche, penitenze;
più rara la gratitudine.

Il canonico:

C'è nella nostra liturgia
il canto luminoso, il giubilo *a laetare*
ma non è intonato spesso:
raramente a pieno cuore.

Angeli coristi:

Vi ascoltiamo fra la folla
e nell'ora solitaria dell'esame,
vi ascoltiamo in voi,
vi ascoltiamo dall'alto,
vi ascoltiamo sempre.
Quelle speranze e invocazioni
d'aiuto, quelle desistenze della fede,
quelle dubitazioni – lo sappiamo –
tessono la tela della vita
e le ragioni della comunità
fraterna che sempre si rinnova.

Il canonico:

Comunità, sì: questa è la sostanza
umana della chiesa
che noi siamo e formiamo.
Tuttavia non sarebbe niente

lo sappiamo tutti quanti
se il filo nutritivo
del Sangue di Cristo si spezzasse.

ANGELI CORISTI:

Questo accade
innumerevoli volte
e innumerevoli volte si smentisce
lungo le epoche
e dentro le anime dei singoli:
di questo sono fatte
la fede e l'obbedienza,
di questo vive la fedeltà
e voi tutti lo mostrate.

IL CANONICO:

Lo sappiamo, sì e no,
come ogni altra cosa umana.
Ma la vostra attenzione
è piena di indulgenza
e questo ci conforta,
o messaggeri di Maria.

ANGELI CORISTI:

Intanto la fabbrica va avanti
e cresce la santità dei santi
nella sventura dei tempi
che funestano la città.

Comprende, Maria,
e intercede. O Firenze,
la sua alta protezione
risponda alla tua ascesi
e alla sua attiva dedizione.

Amen.

«GLI ARDENTI DESIDERI»

13 marzo – mattina

Volgi il tuo sguardo, Padre misericordioso,
a questa tua famiglia,
e fa' che superando ogni forma di egoismo
risplenda ai tuoi occhi per il desiderio di te.

Ci introduce nel più opportuno dei modi, a questa meditazione dedicata agli ardenti desideri, la colletta del Martedì della Prima settimana di Quaresima, un'invocazione che tocca alcuni temi fondamentali, presenti come preziosa filigrana di luce nei versi di Mario Luzi e in tutto quello che stiamo cercando di trasmettere, ispirati da questa poesia: il superamento di ogni forma di egoismo, perché la famiglia umana – per noi simbolicamente rappresentata dalla città di Firenze – finalmente risplenda agli occhi del Signore per Suo desiderio, alla Sua presenza, al Suo volto, al Suo cuore, al Suo amore. Vincendo l'egoismo, essa dovrà farsi testimone credibile, nelle strade dove siamo chiamati a essere missionari, di quella fraternità che trasforma le nostre chiusure in testimonianza, in condivisione dell'amore che abbiamo ricevuto, dell'amore che in Cristo abbiamo conosciuto.

Questa prospettiva vale in modo particolarmente intenso per la Chiesa, nel suo cammino quaresimale e per la comunità che sta vivendo questi esercizi spirituali, così che ognuno possa tornare alle proprie responsabilità come le stelle del profeta Baruc, che evocheremo nella meditazione di domani.

«Stellò forte la notte», ci dirà Mario Luzi. Stelle brillanti che rispondono con gioia il loro "eccomi", davanti al Signore per diventare firmamento, luce, orientamento nella notte dell'umanità. Questa prospettiva del desiderio ci è particolarmente cara e lo è, in modo tutto speciale, a qualunque monaco di san Benedetto. La *Regola* si apre con uno straordinario prologo, dove Benedetto mette in scena una sorta di dialogo quasi drammatico fra il Signore e un *operarius*. È una parola molto forte e molto semplice, con cui il santo ci racconta il desiderio che Dio ha di essere desiderato. Il desiderio di Dio di essere desiderato Lo spinge in un movimento di discesa dal cielo, per vedere, come dice la *Regola*, se c'è qualcuno che desidera giorni felici: «*Quis est homo qui vult vitam et cupit videre dies bonos?*»; è il Signore stesso che cerca «*in multitudine populi*», in mezzo al popolo, il proprio operaio al quale rivolge questo pressante invito. Trovo bellissimo questo esordio della *Regola*; ci mette nella condizione di riscoprirci cercati dal Signore. È un'esperienza, ovviamente, non solo dei monaci, ma di tutta l'umanità, se solo ritrova (anche e direi soprattutto grazie a quanto noi siamo testimoni credibili del desiderio di Dio nei riguardi del cuore di ogni uomo e di ogni donna del nostro tempo) il desiderio di scoprirsi finalmente desiderata dal Signore.

Egli, come insiste un grande teologo greco, Christos Yannaras, nel suo *Libertà dell'ethos*, dimostra una vera e propria mania chenotica, una follia che lo porta a svuotarsi, pur di cercare il desiderio dell'uomo. Questo teologo ha in mente una delle immagini più belle della paradossalità con la quale il Signore perde ogni buon senso, pur di cercare l'uomo che si è smarrito. Ed è, naturalmente, l'immagine del pastore che lascia tutte le 99 pecorelle per cercarne una sola. Una vera e propria follia d'amore, quella che vorremmo testimoniare per tutti, nella consapevolezza – ce lo ricordava già Agostino con grande forza – che la priorità non può essere radicata nel nostro piccolo e malfermo cuore, ma va cercata nell'amore del Signore. Di nuovo, san Giovanni, nella sua Prima lettera (4,10): «In questo sta l'amore. Non siamo stati noi ad amare Dio, ma è Lui che ha amato noi e ha mandato il Suo figlio come vittima di espiazione per i nostri peccati». Parafrasando, potremmo dire che, se possiamo ancora oggi desiderare e imparare a desiderare, è perché siamo stati desiderati. È in questa esperienza di un passivo teologico che si appunta molto del nostro desiderio di conversione, per essere noi autentici testimoni del desiderio di Dio nella storia del nostro tempo, per vincere anzitutto nel nostro cuore quella tiepidezza che, come abbiamo visto, Apocalisse ha così fortemente stigmatizzato: "Non ho bisogno di nulla. Non ho bisogno di nulla, sono ricco". È, questo, una sorta di raffreddamento di quell'amore che ha bisogno di combustibile per ardere nella nostra vita e rendere così, davvero, le nostre città, le nostre stesse chiese, chiese-città – come direbbe Mario Luzi – «dagli ardenti desideri». La sfida è difficile. Luzi ha perfettamente ragione a porre nell'ambito della memoria, del ricordo, la «città dagli ardenti desideri che fu Firenze allora». Lo fa, non per rimpianto, non per nostalgia, ma per un grande esercizio di amore e di speranza sotteso ai suoi versi. Noi condividiamo uno sguardo oggettivamente preoccupato di come soprattutto le nuove generazioni vivono l'esperienza di una disaffezione dal desiderio delle cose durature, importanti. Anche qui, mi sia permesso un piccolo ampliamento del nostro orizzonte, a evocare la situazione sociale del nostro Paese, dell'Italia. Il Censis, istituto nazionale che attraverso importanti statistiche offre ogni anno un quadro sociologico del nostro Paese, nel suo 44° rapporto (2010) ci riporta un po' alle diagnosi che il sociologo Marc Augé ci offriva ieri.

> Nel Paese sono evidenti manifestazioni di fragilità sia personali sia di massa, comportamenti e atteggiamenti spaesati, indifferenti, cinici, passivamente adattivi, prigionieri delle influenze mediatiche, condannati al presente senza profondità di memoria e di futuro.

Forse peccando di eccessivo pessimismo, citiamo volentieri questo rapporto che viene da una fonte non ecclesiale e che comunque ci segnala l'importanza della sfida che vogliamo raccogliere parlando di desideri. Dice ancora il Censis:

> Siamo una società pericolosamente segnata dal vuoto, visto che ad un ciclo storico pieno di interessi e di conflitti sociali [si riferisce naturalmente agli anni Sessanta, Settanta e in misura minore agli anni Ottanta e Novanta] si va sostituendo un ciclo segnato dall'annullamento e dalla nirvanizzazione degli interessi e dei conflitti. Tornare a desiderare è la virtù civile necessaria per riattivare una società troppo appagata e appiattita.

«Tornare a desiderare»: ce lo suggerisce una realtà – lo ribadisco – laica, senza alcuna connotazione ecclesiale. E credo sia un avvertimento da prendere profondamente sul serio. Tra l'altro, questo testo parla di nirvanizzazione alludendo alla moda, per così dire e con tutto il rispetto, di una pratica di filosofie e religioni orientali che, come già dicevamo, porta a un presunto annullamento del desiderio, quale più vera qualificazione di uno stato spirituale che, di conseguenza, si ritrae dalla storia, si chiude in una sorta di pace, di nirvana appunto, a uso e consumo della nostra individualità, sempre meno invitata dalla forza dell'amore a mettersi in gioco nelle strade del mondo. Risulta pertinente con questa analisi, anche se naturalmente riletta in una prospettiva di fede e di speranza, ed evidentemente di educazione al Vangelo, quanto, nella Giornata della Pace del 2012, papa Benedetto scriveva:

> Nel salmo 130 troviamo una bellissima immagine. Il salmista dice che l'uomo di fede attende il Signore «più che le sentinelle l'aurora», lo attende con ferma speranza, perché sa che porterà luce, misericordia, salvezza. Tale attesa nasce dall'esperienza del popolo eletto, il quale riconosce di essere educato da Dio a guardare il mondo nella sua verità e a non lasciarsi abbattere dalle tribolazioni.

Trovo molto bella e consonante con i temi che vado trattando questa indicazione a «essere educati da Dio a guardare il mondo nella sua verità», cioè nella profondità più intima, più radicale, contro ogni apparenza «di marciume e di polvere» – per usare l'espressione citata di Simone Weil –, di «cenere» – come avrebbe detto Mario Luzi. Segue poi una raccomandazione del Papa emerito, ancora valida anni dopo:

> Vi invito a guardare il 2012 con questo atteggiamento fiducioso. È vero che nell'anno che termina è cresciuto il senso di frustrazione per la crisi che sta assillando la società, il mondo del lavoro e l'economia; una crisi le cui radici sono anzitutto culturali e antropologiche. Sembra quasi che una coltre di oscurità sia scesa sul nostro tempo e non permetta di vedere con chiarezza la luce del giorno.

È una prospettiva che, naturalmente, si lascia poi guarire dallo sguardo di fede e di speranza, come ogni nostra più autentica testimonianza ispirata al Vangelo. Ma credo sia importante sottolineare anche gli aspetti che pongono l'immagine dell'ardente desiderio di fronte a una coltre di oscurità. Davvero la sfida sta nell'essere uomini e donne di luce; nell'essere testimoni della Chiesa, ardenti di una passione che il Signore accende nei nostri cuori; una passione possibile soltanto se noi, con umiltà, restituiamo nelle Sue mani i bisogni, le ferite, le necessità del nostro spirito, perché siano trasfigurati in desideri, che sono – non ci stancheremo di dirlo – la trasfigurazione in Cristo di un bisogno e di una necessità. Questa prospettiva, ancora una volta, riporta me e voi, con i passi della fede, dell'amicizia e della fraternità, sulla collina orientale di Firenze, a San Miniato, vera specola posta a oriente: di nuovo, la luce che viene ogni mattina sia il simbolo pasquale dell'aurora che la Chiesa non si stanca di attendere, risvegliando la medesima attesa in tutta la città.

È, questa, una prospettiva che torno a ripetere con passione e che mi è particolarmente cara per i nostri giovani. Prendo in prestito una diagnosi di don Luigi Giussani: egli fu, innanzitutto, un professore di scuola, un insegnante di religione, oltre che sacerdote naturalmente. Si tratta, qui, proprio di una parola che nasce dalla sua esperienza della scuola e nella scuola:

> Nella gioventù contemporanea è come se la nascita non fosse presente, è come se i giovani non avessero ancora rag-

giunto la coscienza di questa dipendenza: vale a dire dell'essere stati voluti. Il sentimento dell'essere stati voluti. Perché il sentimento supremo è quello di essere stati voluti[17].

Io mi ritrovo, devo dirvi, pienamente in queste parole. Soprattutto quando i giovani arrivano per percorsi trasversali: magari non trovano un'abituale esperienza di fede o ricerca di Dio nei contesti più consueti della parrocchia, mentre la rintracciano, per esempio, a San Miniato, perché si è fatto il funerale di un ragazzo come loro, loro amico, o perché nel cimitero lì accanto può essere sepolto un loro compagno di scuola... Sono giovani che, spesso, arrivano da storie famigliari talmente contorte e ferite che manca completamente in loro quello che, con chiarezza, don Giussani ci dice: ossia la percezione di essere stati voluti, desiderati; con tutte le conseguenze di ciò. Manca loro un'educazione che metta in gioco la vita nella dinamica dell'amore, dell'investimento, della pazienza – tutto il contrario del modo con cui tanti ragazzi italiani vengono viziati, per saturare immediatamente necessità e bisogni, senza spalancare loro la porta stretta ma liberante del desiderio.

In questa prospettiva, vi è un compito, nostro e di grandissima importanza: quello di allargare i confini. Perciò evocavo in precedenza l'immagine del campanile di San Miniato, che è avamposto di speranza e, per così dire, il mio piccolo laboratorio di pastorale giovanile più prezio-

[17] G. Testori – L. Giussani, *Il senso della nascita*, BUR, 1980.

so: da lassù, i giovani riscoprono gli orizzonti vasti che vanno oltre la città e i panorami a loro più abituali.

Gaudium et spes, al n. 31, ha un passaggio bellissimo: «Si può pensare legittimamente che il futuro dell'umanità sia riposto nelle mani di coloro che sono capaci di trasmettere alle generazioni di domani ragioni di vita e di speranza». Io credo che nessuno possa sentirsi dispensato da questa fondamentale affermazione. Credo che il Signore affidi alle mani di ciascuno di noi, secondo la responsabilità che abbiamo, piccola o grande non importa, il futuro dell'umanità, per trasmettere alle nuove generazioni ragioni di vita, quella vita *vivida et vitalis* di cui parla san Bernardo. Le stesse ragioni di speranza di cui ci ha detto così nitidamente e appassionatamente Giorgio La Pira.

È, questo, l'invito a essere una Chiesa «dagli ardenti desideri», in una città «dagli ardenti desideri», in un mondo «dagli ardenti desideri»; risvegliando il più possibile il desiderio di Dio in tutti coloro che incontriamo, ricordando loro la grazia e il mistero dell'essere stati voluti, nonostante i tratti impervi, tortuosi e difficili della loro magari ancora giovane vita.

Trovandoci a condividere il dramma della separazione o qualsiasi altra sventura che mette a nudo drammaticamente la fragilità dei nostri ragazzi, viene in mente un passaggio importante di *Evangelii Gaudium* (n. 14) che non posso esimermi dal citare. Papa Francesco usa un'immagine perfettamente coerente con quello che sto cercando di dire: «Rimarchiamo che l'evangelizzazione è essenzialmente connessa con la proclamazione del Vangelo a coloro che non conoscono Gesù Cristo o lo hanno sempre rifiutato». Questa è la grande sfida che vogliamo assumere senza riserve, senza pregiudizi, scombinando qualsiasi abitudine e consuetudine, pur di arrivare al cuore di chi non ha mai sentito parlare del Signore Gesù. Basterebbe passare una mattinata nelle scuole statali del nostro Paese, per rendersi conto che esistono ragazzi che di fatto non conoscono il Signore Gesù!

> Molti di loro cercano Dio segretamente, mossi dalla nostalgia del suo volto, anche in paesi di antica tradizione cristiana. Tutti hanno il diritto di ricevere il Vangelo. I cristiani hanno il dovere di annunciarlo senza escludere nessuno, non come chi impone un nuovo obbligo, bensì come chi condivide una gioia, segnala un orizzonte bello, offre un banchetto desiderabile. La Chiesa non cresce per proselitismo ma per attrazione.

Leggendo e rileggendo questo passaggio, trovo davvero la medesima ragione degli «ardenti desideri» espressa in una triplice scansione: «una gioia, un orizzonte bello, un banchetto desiderabile». L'interrogativo che ci poniamo è, di conseguenza: quanto riusciamo a rendere – o meglio: ci pensa il Signore a fare questo –, quanto cerchiamo di non tradire la desiderabilità che il Signore ha inscritto nel suo Vangelo? Quanto non la offuschiamo, attenuiamo, mortifichiamo? Quanto di noi stessi ci mettiamo, perché susciti quella vita *viva et vivida* di cui parla san Bernardo, così da permettere di riscoprire la desiderabilità del banchetto a cui il Signore invita tutti, soprattutto gli umili, gli scartati, quelli nei crocicchi dimenticati delle nostre strade? È impegnativo ciò, ma bellissimo: avere la responsabilità di quel futuro che vogliamo trasmettere alle generazioni di domani, come nostra ragione di vita e nostra ragione di speranza.

Mi piace moltissimo l'espressione di Georg Simmel, che dice: «L'uomo è un essere confinario che non ha confini»[18]. È un essere confinario, non può che esserlo. L'uomo è un limite: del tempo, dello spazio, delle sue fragilità, delle sue potenzialità (alcune espresse, ma tante altre inespresse); e, tuttavia, è sconfinato, ha una tensione che di fatto lo porta, quando in lui si riattiva la dinamica di speranza e di desiderio, a superare i propri confini. Non viene, questa espressione, dalla tradizione monastica, ma da un pensatore del nostro tempo; ma per me è preziosa, perché anch'essa mi serve per dire come è la vita del monaco.

La vita del monaco è fatta di confini. C'è questa parola un po' difficile da afferrare: "clausura", che può sembrare avere il sapore di un muro che ci divide dagli altri. È un simbolo geografico, reale, di un limite. Poi vi è l'insistita scansione liturgica, a cui san Benedetto ci avvezza, e che fa scoprire come vi siano tanti segmenti nella nostra giornata che non sono più in nostro potere, in quanto ritmati dalla campana che ci richiama al primato del Signo-

[18] G. Simmel, *Ponte e porta. Saggi di estetica*, ArchetipoLibri, 2011

re sul tempo e sullo spazio. E vi è la fraternità, ancora, che è una grande scuola di amore, proprio attraverso la scoperta dei limiti propri e di quelli dei fratelli. Perché dico questo? Perché quando funziona, con la grazia di Dio, la comunità monastica diventa precisamente la scoperta che tutti siamo segnati da tanti confini; e che, proprio per questo, l'uomo riscopre il desiderio di sconfinare, di ampliare, con l'aiuto di Dio e con le ali dello Spirito Santo, tutto quello che apparentemente sembrava condurre a una chiusura, a una ristrettezza, a un ripiegamento, con la forza di un amore che, gradualmente, permette di scoprire nel frammento il tutto.

Louis Bouyer parlava dell'umanesimo escatologico dei monasteri, dei monaci, proprio per questa loro tensione verso l'estremo limite, il ritorno del Signore Gesù. Esso è un confine che prepariamo attraverso tanti piccoli segmenti che dilatano il desiderio, fino all'incontro estremo che non avrà più limiti: quell'essere Dio tutto in tutti, attesa escatologica che l'orologio misterioso della liturgia scandisce con meccanismi non umani ma dello Spirito Santo. Questa tensione verso il futuro, questa dinamica generata dal desiderio riporta lo status della vita monastica nel cuore di ogni uomo, di ogni donna. Anche qui ho bisogno di un passaggio di Romano Guardini, dal suo libro *Virtù. Temi e prospettive della vita morale*[19], in cui egli, in termini come sempre molto semplici, ma anche profondi ed evocativi, ci dice qualcosa di bellissimo sulla

[19] R. Guardini, *Virtù. Temi e prospettive della vita morale*, Morcelliana, 1980. Così per le citazioni seguenti.

singolarità dell'uomo riguardo alle altre creature animate che il Signore ci ha donato. Scrive:

> Un animale è immediatamente identico a se stesso. Diciamo più esattamente: per un animale non esistono domande. È come è, inserito e risolto nel proprio ambiente. Di qui l'impressione di naturalezza che l'animale ci fa: esso è tutto quanto come deve essere in rapporto alla sua essenza e alle condizioni ambientali.

Si direbbe più semplicemente: vive d'istinto, si muove con il suo istinto. Prosegue Guardini:

> Con l'uomo le cose non stanno così. Egli non si risolve in ciò che è e in ciò che esiste riferito a lui. Egli può porsi in distanza da se stesso e riflettere su se stesso; può giudicarsi; *può desiderarsi al di là di ciò che è in direzione di ciò che vorrebbe o dovrebbe essere.*

In questo "desiderarsi" dell'uomo, in una dimensione dinamica che mette ancora una volta in gioco libertà e responsabilità, noi troviamo davvero il senso pieno del desiderio; troviamo il rischio, ma anche la bellezza e direi la misteriosa necessità del desiderio, come solo l'amore del Signore può ispirarlo in misura tutta speciale. Questa dimensione dinamica e quasi avventurosa della vita è ben evocata nello stesso Vangelo. L'uomo deve infatti "trovarsi", secondo quello che leggiamo in Matteo (16,25): «Chi vuole salvare la propria vita, la perderà; ma chi perderà la propria vita per causa mia, la troverà». Che parole esigenti ci dona il Signore! Quanto distrugge le nostre presunte certezze e sicurezze! Quanto ci smuove, in termini di inquietudine, ma anche di umiltà e di affidamento una parola di questo tipo! È perennemente in gioco la possibilità che rende l'uomo aperto all'esperienza di Dio o a essa radicalmente estraneo, per quella autoreferenzialità che abbiamo già incontrato.

Come osservava il mio caro maestro e padre don Basilio Petrà:

> Se ogni ente creato è installato nel proprio essere e in esso risiede, l'uomo – unico tra gli enti – è originato da una vocazione che giunge dal futuro e non trova quiete finché non incontra nella gioia il volto di colui che lo chiama e per il quale è stato fatto («Entra nella gioia del tuo Signore», Mt 25,21.23)[20].

Trovo bellissima questa immagine di don Basilio, secondo la quale la nostra vocazione non viene dal passato, ma dal futuro di Dio, e rilancia al futuro la nostra conformazione a Cristo. Tutti conosciamo la frase di san Paolo ai Filippesi (cfr. 3,13): «Dimentico del passato, sono proteso verso il futuro». È la dimensione dinamica dell'essere in Cristo con la forza dello Spirito. Si tratta di qualificare la dinamica del desiderio, di riconoscerla e di ac-

[20] B. Petrà, «Il nascondimento dell'assoluto. Intorno al significato etico dell'incarnazione», in Aa.Vv., *Mistero di Cristo mistero dell'uomo. La nuova «questione antropologica» e le radici della fede*, Edizioni Paoline 2005.

coglierla, ma direi anche di invocarla. Una prospettiva, questa, tipica della tradizione cistercense. San Bernardo insiste tantissimo su come l'uomo debba farsi *ad imaginem*, in una tensione, secondo la sua raffinata antropologia radicata ovviamente nella Parola di Dio e nei padri, che non può mai fermarsi né rassegnarsi. Credo che questo restituisca alla nostra avventura umana, unitaria e insieme ecclesiale, cittadina e personale, una grandissima forza, una grandissima spinta e, di nuovo, aprendosi al futuro, conceda un grande motivo di speranza, di possibilità. La stessa possibilità che la misericordia di Dio assicura anche a quella centesima pecorella che, dispersa, può ancor più fortemente delle altre sentire quanto desiderio di Dio si appunti sulla sua vita, purché noi ne siamo buoni e veri testimoni.

Non posso fare a meno di evocare e rimandare a una bellissima riflessione sul desiderio che papa Benedetto ci ha donato ricordando come, di fatto, il desiderio sia esperienza di quell'amore che è «estasi iniziale, pellegrinaggio, esodo permanente dall'io chiuso in se stesso verso la sua liberazione nel dono di sé e proprio così verso il ritrovamento di sé e anzi verso la scoperta di Dio» (*Deus Caritas est*, n. 6). Papa Benedetto ci invitava, dunque, a riconoscere ancora una volta questa dimensione mendicante dell'uomo, questo suo essere fatto di bisogno, di necessità, ma anche di un'insaziabilità che lo porta a riscoprire in cuore un segno, un rimando alla sete di infinito che lo abita. Egli citava anche una frase bellissima dai *Pensieri* di Pascal: «L'uomo supera infinitamente l'uomo». Credo che abbiamo tanto bisogno oggi di ricordare alla nostra gente come l'uomo superi infinitamente l'uomo. Oggi, quando siamo tentati di ridurre l'uomo a una macchina che "funziona finché funziona", finché produce, finché è motivo di interesse, di guadagno, finché ha una gestione che di fatto ne assicura la meccanica. Quanto è più importante, invece, anzi decisivo, dire che l'uomo supera infinitamente l'uomo; che l'uomo è fatto per scoprire come, oltre gli idoli smaltati che troppe volte questa nostra sete di consumo produce per saturare i nostri cuori, ha un'indigenza radicale, che l'umiltà fa scoprire e che lo Spirito Santo finalmente disseta. Si tratta della medesima sete inesausta mirabilmente rivelata dall'Alighieri nel Purgatorio, quando, al Canto XXXI, 126-128, contempla il mistero dei fuochi trinitari. Dante scrive:

> Mentre che piena di stupore e lieta,
> l'anima mia gustava di quel cibo
> che saziando di sé, di sé asseta.

Non è diversa la stessa sete inesausta, inestinguibile, che viviamo e celebriamo in ogni incontro pasquale, in ogni celebrazione eucaristica. Nel capitolo XLIX, sulle osservanze quaresimali, san Benedetto, dopo avere invitato i suoi monaci a un'opera di ulteriore essenzialità, che mette ancora più in luce il limite che ci inabita, li avverte e stimola in questi termini: «Il monaco attenda la Santa Pasqua con l'animo fremente di gioioso desiderio». Tutti pensano alla Quaresima come a un tempo triste, alla vita monastica come un tempo triste. E invece san Benedetto, parlando proprio della Quaresima, schiudendola all'orizzonte della Pasqua, ci parla di «gioioso desiderio». E il capitolo 22,14-15 di Luca ci ricorda: «Quando venne l'ora prese posto a tavola e gli apostoli con lui, e disse loro: "Ho tanto desiderato mangiare questa Pasqua con voi prima della mia Passione"». Mi basta evocare questo versetto per dire come nell'Eucaristia si incontra il più vero, ardente desiderio del nostro cuore, finalmente svelato alla nostra consapevolezza, superando noi stessi – per dirla con Pascal – o "sconfinando" – per dirlo con Simmel –; e, d'altra parte, si incontra simmetricamente il desiderio del Signore che vuole fare ardentemente Pasqua con noi, consegnandoci un ulteriore rimando a quando saremo insieme nel banchetto senza fine. Come non dirci, quindi, che da questa scuola dei desideri siamo chiamati a pronunciare una parola nuova sulla dignità di ogni uomo, di ogni donna, soprattutto dei più poveri, di quelli che per la sventura che vivono ormai credono che il loro orizzonte sia fatto solo e soltanto di bisogni e di necessità. Quanto, al contrario, l'Eucaristia risveglia, anche in loro e soprattutto per loro, la consapevolezza di essere fatti non per semplici bisogni, ma per veri desideri! L'Eucaristia ci avverte, ci sprona, ci educa a risvegliare quel desiderio che Dante ha cantato così bene e che, saziando, in realtà suscita nuova fame, nuova sete. Il cardinale Martini, nella sua lettera *Farsi prossimo nella città*, del lontano 1986, ci avvertiva, soprattutto come *civitas* e come testimonianza della Chiesa in città:

> L'essere dei cristiani non è caratterizzato dall'andare a Messa la domenica, ma dal vivere per gli altri, fondato sul fatto che si va a Messa la domenica. Non vive dell'Eucarestia se non chi dona corpo e sangue per i fratelli, come Gesù. La Chiesa non ha altro modo di essere nella società. La sua ambizione è di servire a partire dagli ultimi. Perché questo desiderio rimanga sempre nella sua incandescenza, occorre mettersi alla scuola dei poveri, dei più poveri, stare con loro, condividere il più possibile con loro.

E allora scopriremo che i sentieri che ci avvicinano a quel fonte e culmine che è l'Eucaristia, e che ci allontanano da essa per tornare nel vivo di quella vita di testimonianza a cui siamo chiamati dopo averla vissuta, stanno proprio in questo donarci, per non smentire il nostro essere diventati quello che abbiamo mangiato, quello che abbiamo contemplato.

Voglio concludere la mia riflessione ringraziando il Signore, benedicendolo per quanto è accaduto sei anni fa con l'elezione di papa Francesco. Credo che davvero il nostro Papa ci insegni a sconfinare: egli ricorda all'uomo e alla donna del nostro tempo che vi sono, certamente, confini, ma che, con la forza dello Spirito Santo, essi vanno superati, per fedeltà al nostro "sconfinato" cuore di uomini. Papa Francesco ce lo ricorda ogni giorno, con tanta intrepida fedeltà al Vangelo. E voglio condividere –

l'avessi scritta io!, l'ha scritta invece una grande poetessa, di nome Margherita Guidacci – con tanto filiale affetto questa poesia:

Non obbedire a chi ti dice
di rinunziare all'impossibile!
L'impossibile solo
rende possibile la vita dell'uomo.
Tu fai bene a inseguire
il vento con un secchio.
Da te, e da te soltanto,
si lascerà catturare!

Amen.

«STRINGIAMOCI LA MANO»

13 marzo – pomeriggio

Quando l'esercizio del potere politico mira unicamente a salvaguardare gli interessi di taluni individui privilegiati, l'avvenire è compromesso e i giovani possono essere tentati dalla sfiducia, perché condannati a restare ai margini della società, senza possibilità di partecipare a un progetto per il futuro. Quando, invece, la politica si traduce, in concreto, nell'incoraggiamento dei giovani talenti e delle vocazioni che chiedono di realizzarsi, la pace si diffonde nelle coscienze e sui volti. Diventa una fiducia dinamica, che vuol dire "io mi fido di te e credo con te" nella possibilità di lavorare insieme per il bene comune. La politica è per la pace se si esprime, dunque, nel riconoscimento dei carismi e delle capacità di ogni persona. «Cosa c'è di più bello di una mano tesa? Essa è stata voluta da Dio per donare e ricevere. Dio non ha voluto che essa uccida o che faccia soffrire, ma che curi e aiuti a vivere. Accanto al cuore e all'intelligenza, la mano può diventare, anch'essa, uno strumento di dialogo».

Desidero iniziare la mia meditazione con questa citazione dal messaggio di papa Francesco per la celebrazione della Giornata Mondiale per la Pace del 2019, dove la sua parola si salda a una bellissima immagine, quella della «mano tesa», strumento di dialogo, strumento di comunione, usata dal suo predecessore, papa Benedetto XVI durante l'incontro con le autorità del Benin nel novembre del 2011.

Le parole di papa Francesco e di papa Benedetto, che qui si incontrano, commentano nel migliore dei modi il verso della poesia di Mario Luzi, che vorrei commentare: «stringiamoci la mano».

«Siamo qui per questo», dice il poeta, alla conclusione della sua lirica: «Stringiamoci la mano / sugli spalti di pace nel segno di San Miniato». Credo che, prima della meditazione che faremo domani sull'accoglienza, ispirata all'immagine delle bandiere di pace che sempre Luzi ricorda essere state dispiegate sulle mura della nostra città al tempo di La Pira, è importante anticipare una riflessione sulla fraternità. La Chiesa, la città possono essere esperienze di vera accoglienza se vivono nella loro intimità un'autentica fraternità.

Sul tema della fraternità e di mani che si incontrano per diventare strumento di dialogo, per donare e per ricevere, per far crescere il senso di appartenenza che nessuno escluda – penso soprattutto alle nuove generazioni – dobbiamo mettere a tema una esperienza decisiva della vita della Chiesa, come pure è decisiva nella mia povera esperienza personale: la vita comunitaria, la comunità. Questa parola appartiene al vocabolario delle emergenze del nostro tempo. Mi perdonerete se faccio un riferimento alla testimonianza e alla vita, politica e civile, del nostro Paese. Il presidente della Repubblica, Sergio Mattarella, nel suo consueto *Saluto* di fine anno, il 31 dicembre 2018, ricordava ai cittadini italiani come

> sentirsi "comunità" significa condividere valori, prospettive, diritti e doveri. Significa "pensarsi" dentro un futuro comune, da costruire insieme. Significa responsabilità, perché ciascuno di noi è, in misura più o meno grande, protagonista del futuro del nostro Paese. Vuol dire anche essere rispettosi gli uni degli altri. Vuol dire essere consapevoli degli elementi che ci uniscono e nel battersi, come è giusto, per le proprie idee rifiutare l'astio, l'insulto, l'intolleranza, che creano ostilità e timore.

Credo che, in questi esercizi spirituali, che puntano a una testimonianza radicalmente ispirata dal Vangelo del Signore Gesù nel cuore del mondo, nel cuore della città, per segni, sguardi e gesti pasquali, non si possa che prendere sul serio la parola "comunità". Come pure si devono prendere sul serio il ruolo e la missione della Chiesa in ordine alla possibilità di contribuire, in questo mondo, all'edificazione di una fraternità autentica, solidale, ispirata a un amore forte e duraturo come quello che ci insegna, ci comunica e ci dona il Signore Gesù. Così siamo condotti, nella nostra riflessione, alla bellissima definizione del senso della missione del Popolo di Dio nel cuore del mondo che ci viene offerta dal capitolo 9 di *Lumen Gentium*. Questo testo ci ricorda come Dio volle santificare e salvare gli uomini non individualmente e senza alcun legame tra loro, ma costituendo un popolo che lo riconoscesse secondo la verità e lo servisse nella santità. Con queste parole liquidiamo in modo definitivo qualsiasi ripiegamento e tentazione individualistica che può talvolta, purtroppo, impoverire il nostro senso di appartenenza al popolo di Dio, a quella missione che il Signore affida a tutta la Chiesa: questa missione, naturalmente, per chi poi è pastore, si traduce in cura, in custodia e, per usare una parola impiegata nella meditazione precedente, in "educazione" alla *communitas*, al vivere nella comunione e di comunione. «Questo popolo – ci dice *Lumen Gentium* – ha ricevuto per legge il nuovo precetto di amare come lo stesso Cristo ci ha amati». E ci avverte che ha per fine «il Regno di Dio, incominciato in terra dallo stesso Dio, e che deve essere ulteriormente dilatato». Bellissima questa immagine di una dilatazione resa possibile unicamente dal fatto che noi accettiamo di accogliere, di vivere, di rimanere nella comunione trinitaria, senza smentire la mozione, l'obbligo, l'invito, la vocazione all'amore che la comunione trinitaria suscita nei nostri cuori. Ancora *Lumen Gentium*, in modo mirabile, conferma:

> Perciò il popolo messianico, pur non comprendendo effettivamente l'universalità degli uomini e apparendo talora come un piccolo gregge, costituisce tuttavia per tutta l'umanità il germe più forte di unità, di speranza e di salvezza. Costituito da Cristo per una comunione di vita, di carità e di verità, è pure da lui assunto a essere strumento della re-

denzione di tutti e, quale luce del mondo e sale della terra (cfr. Mt 5,13-16), è inviato a tutto il mondo.

Lumen Gentium è molto lucida; sa che, quantitativamente parlando, il "gregge" è assai debole, fragile, frastagliato, in molti luoghi effettivamente piccolissima minoranza; e tuttavia – ci dice – è il germe più forte. Questa forza non può essere costituita naturalmente dalla nostra semplice buona volontà, dalle nostre capacità, dalle nostre disposizioni organizzative, pastorali, ma dalla propensione ad aprirci al mistero della comunione; a schiudere i nostri cuori, allentando la durezza e la presunzione nei confronti dell'azione della grazia – essa sì capace di costituirci, con la chiamata che viene dal Signore, in una unità, concordia, fraternità che non possiamo smentire, essendo essa stessa autentica partecipazione alla comunione trinitaria.

Tutto questo è stato ridetto in tempi più recenti, ma senz'altro riecheggiando questa riflessione, da san Giovanni Paolo II, in un testo di fondamentale importanza per noi consacrati: alludo a *Vita Consecrata*. Lì san Giovanni Paolo II ci ha parlato proprio del *signum fraternitatis*, dell'essere segno di fraternità a immagine della Trinità, riflesso della Trinità nella storia. È, questa, una responsabilità che i consacrati assumono in modo tutto speciale ma che, in verità, è un tratto tipico della Chiesa tutta. Come ci insegna il santo Pontefice, di fatto

> la vita di tale comunità [apostolica] e, più ancora, l'esperienza di piena condivisione con Cristo vissuta dai Dodici,

sono state costantemente *il modello a cui la Chiesa si è ispirata*, quando ha voluto rivivere il fervore delle origini e riprendere con rinnovato vigore evangelico il suo cammino nella storia. In realtà la Chiesa è *essenzialmente mistero di comunione*, popolo adunato dall'unità del Padre, del Figlio e dello Spirito Santo.

Mi piace interpretare secondo questa indicazione il mistero del tempo quaresimale: è davvero un ritorno al Signore, attraverso il deserto, per raggiungere una ritrovata comunione con Lui dopo troppa dispersione. Perciò il modello che sta, quale orizzonte pasquale, per la nostra conversione quaresimale, non può che essere l'immagine della primitiva comunità apostolica e, originariamente, la stessa esperienza di piena condivisione con Cristo vissuta dai Dodici. Questo credo valga non solo per ogni comunità religiosa, ma per ogni cellula ecclesiale e – perdonate l'ardire – per la stessa Curia romana. Oserei dire che anche voi siete chiamati a una sorta di vita fraterna, coesa, intorno alla figura, al Magistero, alla fedeltà e alla lealtà al nostro Papa. La vita fraterna si configura come spazio umano abitato dalla Trinità, che estende nella storia i doni della comunione propri delle tre persone divine. C'è una intonazione quasi mistica in questa lettura della vita fraterna. Essa non è un precetto, un dovere, e tanto meno una penitenza, come – ahimè troppe volte – si è qualificata la pur austera vita comunitaria, con le sue esigenze che, inevitabilmente, limano, giorno dopo giorno, le pretese del nostro Io. Essa è precisamente la mistica partecipazione al mistero trinitario: solo così, in uno spazio umano abitato dalla Trinità, dove realmente la Trinità è presente, non smentita, misteriosamente riconoscibile e gustabile, i confini del Regno si possono estendere alla storia. Dunque, qualsiasi missionarietà che volesse prescindere da questa adesione al carattere comunitario, fraterno, implicato dalla comunione trinitaria, è inevitabilmente una missione destinata alla rovina, al fallimento, perché si smentisce nella sua più intima identità.

San Giovanni Paolo II ci ricordava ancora come questa partecipazione alla comunione trinitaria – ed essa sola – può cambiare i rapporti umani, creando un nuovo tipo di solidarietà, additando agli uomini la bellezza della comunione fraterna e le vie che a essa concretamente conducono.

«*Ecce quam bonum, et quam iucundum habitare fratres in unum*» cantiamo nel salmo 132, dove appunto si dice di una dimensione di bellezza, di gioia, che implica un cordiale passaggio dalle ristrettezze delle nostre argomentazioni, ragioni, pretese e presunzioni umane, all'abbandono alla forza dello Spirito, unica in grado di introdurci in questo mistero, di lasciarci "rimanere" – il verbo è giovanneo – nel mistero, per un'esperienza di autentica trasfigurazione che rende finalmente credibile la nostra missione. Su questo tema c'è un ulteriore passaggio che voglio sottolineare, là dove il santo papa Giovanni Paolo ci conferma un dato importante, che è anche un avvertimento nei riguardi di tanta nostra propaganda vocazionale. Al n. 42 di *Vita Consecrata* egli aggiunge:

Nella vita di comunità, poi, deve farsi in qualche modo tangibile che la comunione fraterna, prima d'essere strumento per una determinata missione, *è spazio teologale* in cui si può sperimentare la mistica presenza del Signore risorto (cfr. Mt 18,20).

Purtroppo noi siamo capaci di trasformare in strumento anche il mistero, di farlo diventare propaganda, autocompiacimento, motivo di vanto, politica di comunicazione e di immagine. Non deve essere così. La vita fraterna, nell'umile consapevolezza di quanto essa esiga, se è autentica conversione del nostro cuore non può essere uno strumento. È, al contrario, un dono, "un'esperienza mistica di presenza del Signore Risorto in mezzo a noi". Non a caso questo dono è generato da ciò che eccede le capacità dell'uomo, da ciò che eccede le risorse dell'uomo. Lo dice con grande chiarezza ancora san Giovanni Paolo II:

> Questo avviene grazie all'amore reciproco di quanti compongono la comunità, un amore alimentato dalla Parola e dall'Eucaristia, purificato nel Sacramento della Riconciliazione, sostenuto dall'implorazione dell'unità, speciale dono dello Spirito per coloro che si pongono in obbediente ascolto del Vangelo. È proprio Lui, lo Spirito, ad introdurre l'anima alla comunione col Padre e con il Figlio suo Gesù Cristo (cfr. 1Gv 1,3), comunione nella quale è la sorgente della vita fraterna.

Io trovo splendida questa intonazione mistica con la quale riscoprire la grazia, la bellezza, il dono, il *munus*, ma anche la responsabilità e la fatica della vita fraterna. Ed è bene essere consapevoli, in un tempo come quello di Quaresima, di questa bellissima possibilità data al nostro cuore mediante l'ascolto del Vangelo: alimentare l'amore che il nostro cuore riceve con la Parola, con l'Eucaristia; purificarlo con la Riconciliazione; vivere in una preghiera incessante; implorare l'unità, perché essa non è affatto un dono scontato. È, questa, l'esperienza di particolare connessione, intonazione della nostra vita allo Spirito Santo, che non dobbiamo mai stancarci di invocare, perché la Chiesa davvero sia sempre inabitata da Esso e, come tale, sia anzitutto esperienza di mistero, di una bellezza che genera stupore che resta indecifrabile per le sole risorse dell'uomo.

Tutto questo ci invita ad accostarci all'Eucaristia nella consapevolezza della sua ineliminabile forza di coesione: per il suo misterioso essere contatto reale, comunione reale fra noi e il Signore Gesù; per la sua forza tutta spirituale tesa a renderci unico corpo nel Signore. Basterebbe evocare qualche passaggio della liturgia per essere più consapevoli di tutto ciò. Parole che, magari, abbiamo pronunciato e pronunciamo tante volte e che, come succede, diventano un po' consunte, limate. Prendiamo a esempio la bellissima preghiera dopo la Comunione, per la Quinta domenica del Tempo Ordinario:

> O Dio, che ci hai resi partecipi di un solo corpo e di un solo calice,

fa' che, uniti al Cristo in un solo corpo,
portiamo con gioia frutti di vita eterna
per la salvezza del mondo.

Questa è una sintesi meravigliosa di quanto abbiamo letto in *Lumen Gentium* e in *Vita Consecrata*: essere partecipi di un solo pane, di un solo calice, dunque uniti al Cristo in un solo corpo. La conseguenza è portare frutti di vita eterna per la salvezza del mondo. Ecco la missionarietà imprescindibile, generata dal radicarsi nel mistero, che alimenta come linfa inestinguibile la nostra testimonianza e la nostra vita.

Verrebbe da evocare passaggi che tutti noi ripetiamo nelle preghiere eucaristiche, in riferimento a testi paolini. Prima Lettera ai Corinzi, capitolo 10: «C'è un solo pane... Noi, pur essendo molti, siamo un corpo solo... Tutti infatti partecipiamo dell'unico pane...». Preghiera eucaristica II: «Ti preghiamo umilmente per la comunione al corpo e al sangue di Cristo. Lo Spirito Santo ci riunisca in un solo corpo...». Preghiera Eucaristica III: «E a noi, che ci nutriamo del corpo e sangue di Cristo Tuo Figlio, dona la pienezza dello Spirito Santo, perché diventiamo in Cristo un solo corpo e un solo Spirito». E, infine, la IV: «E, a tutti coloro che mangeranno di quest'unico pane, e berranno di quest'unico calice, concedi che, riuniti in un solo corpo dallo Spirito Santo, diventino offerta viva in Cristo a lode della Tua gloria».

La liturgia ci illumina, oltre che renderci effettivamente partecipi di questa grazia, di questo mistero; e risveglia in tutti noi la consapevolezza del meraviglioso dono che ci è dato, di partecipare, per grazia, senza alcun merito, a una comunione che vogliamo tornare ad accogliere e a custodire con cuore purificato dalla penitenza, per non smentire e indebolire la missione in ordine alla salvezza del mondo, il dilatare i confini del Regno.

Sant'Agostino, su questa tematica, ha parole bellissime, in cui ci invita a un «realismo eucaristico che renda quello che celebriamo vita vissuta e testimonianza credibile». In un suo bellissimo discorso, il numero 272, ci avverte: «Voi siete il corpo di Cristo e sue membra. Se voi dunque siete il corpo e le membra di Cristo, sulla mensa del Signore è deposto il mistero di voi: ricevete il mistero di voi»[21]. Bellissimo questo risvegliare una consapevolezza misteriosa della nostra condizione umana, mai riducibile a qualsiasi paradigma esclusivamente terreno. Già vi ricordavo alcune riflessioni di don Giussani sull'«essere stati voluti». E qui si tocca proprio il mistero di una generazione che è un tutt'uno con l'amore, che ci chiama alla vita e che ci custodisce nella vita in Cristo attraverso la dinamica eucaristica.

> A ciò che siete rispondete: *Amen* e rispondendo lo sottoscrivete. Ti si dice infatti: *Il Corpo di Cristo*, e tu rispondi: *Amen*. Sii membro del corpo di Cristo, perché sia veritiero il tuo *Amen*. Perché dunque [il corpo di Cristo] nel pane? Non vogliamo qui portare niente di nostro; ascoltiamo sem-

[21] Agostino, *Discorsi sui tempi liturgici*, Città Nuova, 1984. Qui e per le seguenti citazioni dove non indicato diversamente.

pre l'Apostolo il quale, parlando di questo sacramento, dice: *Pur essendo molti formiamo un solo pane, un solo corpo.* Cercate di capire ed esultate. Unità, verità, pietà, carità. *Un solo pane:* chi è questo unico pane? *Pur essendo molti, formiamo un solo corpo.* Ricordate che il pane non è composto da un solo chicco di grano, ma da molti.

E allora ecco la conseguenza: avere un'anima sola e un cuore solo protesi verso Dio. La stessa cosa, usando l'immagine degli acini, il santo Agostino propone per quanto riguarda la partecipazione all'unico calice, che diventa così sacramento della nostra pace e unità. E aggiunge un avvertimento importante, che suona davvero ragione di timore di Dio nel nostro cuore: «Chi riceve – dice Agostino – il sacramento dell'unità e non conserva il vincolo della pace, riceve non un sacramento a sua salvezza ma una prova a suo danno».

Diciamo questo, non per far venire i brividi ad alcuno, ma per crescere nella consapevolezza di quanto tutti abbiamo bisogno di una più intensa comunione eucaristica e di cosa comporti vivere l'Eucaristia, comunicarci all'Eucaristia, donarci a essa, perché la nostra vita diventi dono a sua volta. Questa esperienza di pieno radicamento nel mistero del Signore Gesù ci riporta di nuovo al realismo evangelico con il quale Egli non scansa la nostra umanità, ma si fa con-corporeo a essa e continua a farsi con-corporeo a essa nel mistero eucaristico. Lo ha fatto nella sua vita terrena toccando le ferite, per guarire, non da lontano, ma in una partecipazione che ha reso fin da allora il suo corpo un sacramento di salvezza e di vita nuova.

E allora risuona importante l'avvertimento di papa Francesco in *Evangelii Gaudium*, con il quale vorrei riportare la logica eucaristica nella vita della città, per una testimonianza appassionata del mistero che riceviamo per la salvezza del mondo. Cito dal n. 270:

> A volte sentiamo la tentazione di essere cristiani mantenendo una prudente distanza dalle piaghe del Signore. Ma Gesù vuole che tocchiamo la miseria umana, che tocchiamo la carne sofferente degli altri. Aspetta che rinunciamo a cercare quei ripari personali o comunitari che ci permettono di mantenerci a distanza dal nodo del dramma umano, affinché accettiamo veramente di entrare in contatto con l'esistenza concreta degli altri e conosciamo la forza della tenerezza.

Il paradigma non può che essere quello eucaristico. Non è certo quello – con tutto il rispetto – di una generica dinamica psicologica interpersonale, che pure ha il suo valore e che, senz'altro, dobbiamo conservare almeno come appello, per coloro che non condividono la nostra fede: ma per noi non può bastare. La radice, il paradigma, la possibilità di questo incontrare le infermità degli altri, ci viene dalla possibilità di attingere, giorno dopo giorno, domenica dopo domenica, al mistero pasquale, all'Eucaristia del Signore Gesù, al suo lasciarsi toccare quando visita i discepoli chiusi per paura, nel riparo comunitario di quella casa che Gesù attraversa per donare la sua pace e per inviarli, col suo respiro di perdono, nel mondo. La conseguenza è chiaramente ribadita, forse anche con una punta di ironia, dal nostro Papa: «Quando lo facciamo, la vita ci si complica sempre meravigliosamente e viviamo l'intensa esperienza di essere popolo, l'esperienza di appartenere a un popolo».

Torniamo all'immagine da cui siamo partiti: Dio non salva individualmente. Ci salva come popolo, ci ha radunato come popolo, come comunità. Certo, le cose "meravigliosamente si complicano": da solo, uno gestirebbe tutto molto meglio. Potrebbe scegliere quando e come essere buono, per mettere in pace la propria coscienza. Potrebbe fare, come si suole dire, "la buona azione quotidiana". Ma il Vangelo non si accontenta delle "buone azioni quotidiane", punge con un'inquietudine che, di fatto, "complica meravigliosamente" la nostra vita.

Torno in città, dopo tutto questo. E vi torno evocando una riflessione forte, quasi provocatoria, che leggo in Vincenzo Rosito, docente al Seraphicum a Roma. Egli ha pubblicato un libro davvero bello, cui devo molte importanti riflessioni. Il titolo è *Dio delle città*[22]. In un passaggio, scrive su come possiamo saldare l'Eucaristia, il cuore della Chiesa, con il cuore del mondo visitato dal Signore:

> La buona notizia è che il Signore è entrato nella nostra città. Gesù si colloca al centro dello spazio urbano non per

[22] EDB, 2018. Qui e per le seguenti citazioni dove non indicato diversamente.

omologarlo o dominarlo. Egli sta nel mezzo perché mediatore, richiamo vivente all'esercizio bilanciato di approssimazione a Dio e ai fratelli. Tutto ciò si inscrive nella logica eucaristica rivelando la più intima e sovversiva fra le implicazioni cristiane: quella che accosta e avvicina l'Eucaristia alla città.

È, questo, il pungolo che un monaco che vive sulla città consegna a ciascuno di voi. Come immaginare la città senza il fermento eucaristico, senza che essa si lasci trasfigurare nel suo ventre oscuro, pieno di contraddizioni ma anche di luminose potenzialità, senza l'Eucaristia?

C'è un affine desiderio di prossimità tra la condivisione dello stesso pane e la concordia dei cittadini. Fra la priorità assegnata ai poveri e la giustizia invocata per gli esclusi di ogni città. L'identificazione fra la prossimità con Dio e quella con gli uomini – Matteo 25,31-46 – assume nella Eucaristia la forma di un gesto, quello compiuto da Gesù, che si è fatto povero, «per arricchirci con la sua povertà» (2Cor 8,9). «Per questo – scrive G. Boselli – la liturgia dei cristiani è la liturgia del Povero, ossia la liturgia che manifesta un'etica di donazione (un corpo dato), un'etica di condivisione (l'unico pane per molti), un'etica di solidarietà e di carità (la colletta per i bisognosi)».

Questa liturgia, che manifesta un'etica di donazione, di condivisione, di solidarietà e di carità, dove il povero ha la "P" maiuscola: è Gesù. «Ho desiderato ardentemente celebrare con voi questa Pasqua...». Quello dell'ultima cena è un Dio che si prepara profeticamente a donarsi, a consegnarsi lasciando, come alimento di vita e di speranza, la sua stessa carne, il suo stesso sangue, non trattenendo nulla per sé.

C'è un brano molto forte e bello della tradizione certosina, in cui Lanspergio contempla questo mistero, impossibile nel corpo umano (dato che, come sappiamo, quando un uomo muore il sangue si coagula, si rapprende): «Quando una lancia perfora il petto del Signore Gesù, mirabile evento, il sangue continua a uscire a fiotti, nessuno lo arresta...». È come se davvero il Signore Gesù si lasciasse prosciugare di tutto, anche del suo estremo sangue rimasto, dopo tutte le percosse e le afflizioni subite. È la logica eucaristica: un impoverimento che ci arricchisce, nella misura in cui, però, tentiamo di arricchire gli altri della speranza che abbiamo ricevuto, senza alcun merito, con la grazia indicibile della fede.

In questa prospettiva, dobbiamo guardare non come prìncipi, in modo sprezzante gli altri, ma come fossimo anche noi gli stessi uomini e donne del popolo. Papa Francesco lo dice (e non è l'opinione di un Papa né un'opzione pastorale tra le altre possibili, sono indicazioni della Parola di Dio chiare, dirette, evidenti. Viviamole senza glossa!) in *Evangelii Gaudium*, n. 271: «In tal modo sperimenteremo la gioia missionaria di condividere la vita [la vita!] con il popolo fedele a Dio, cercando di accendere il fuoco nel cuore del mondo».

Sono immagini che riassumono in modo intenso sia la poesia di Luzi che i pensieri di La Pira, che queste mie povere meditazioni: si tratta di condividere la vita pasquale con il popolo fedele a Dio, mediante la gioia missionaria e, nello stesso tempo, accendere il fuoco nel cuore del mondo. Noi siamo la luce inviata, donata dal Signore perché essa faccia divampare «controfuoco alla vampa / devastatrice del mondo» il fuoco di carità, gli ardenti desideri. Ci è dato di restituire a ogni uomo e donna inghiottiti dalle tenebre del peccato, della disperazione, della disillusione, della solitudine, la bellezza della vocazione cristiana, la coralità di una trasfigurazione che riscatta la nostra vita e la pone in un respiro alto, di bellezza, di gioia, che tante volte evochiamo come frutti bellissimi che il Signore a piene mani dona ai nostri cuori.

«L'amore per la gente diventa così una forza spirituale», ci avverte papa Francesco: non una forza psicologica, tantomeno generata da chissà quale virtù che presuntuosamente crediamo di avere, in forza di chissà quale fedina penale pulita. È una forza spirituale che ci inabita, come l'alito cantato da Mario Luzi, per riaccendere le braci. È una forza spirituale che favorisce l'incontro in pienezza con Dio fino al punto che chi non ama il fratello cammina nelle tenebre, rimane nella morte, non conosce Dio. «Benedetto XVI ha detto che "chiudere gli occhi di fronte al prossimo rende ciechi anche di fronte a Dio"» (EG, n. 272), e noi abbiamo cercato di intonare tutti questi esercizi con il tema di Riccardo di San Vittore: *ubi amor ibi oculus*. Chi non ama – ha detto papa Benedetto – chiude gli occhi di fronte al prossimo, ma diventa cieco anche davanti a Dio, «perché l'amore – ne ha proseguito il pensiero papa Francesco – è l'unica luce che rischiara sempre di nuovo un mondo buio, e ci dà il coraggio di vivere e di agire». Di nuovo si intrecciano le parole dei nostri pontefici, mentre ci confermano a quale bellezza di testimonianza siamo invitati: rischiarare un mondo buio, con ardenti desideri, con l'alito che riaccende la fiamma degli antichi santi, per dare a tutti il coraggio di vivere e di agire. Declino tutto ciò per la città dove siamo invece spesso costretti a incontrare persone che vogliono smettere di vivere, che si accontentano di una mera sopravvivenza, che rifiutano di agire salvo lo stretto necessario: tirare avanti, nulla di più.

C'è una meravigliosa espressione di La Pira con il quale, il 6 novembre del 1954, inaugurò il quartiere dell'Isolotto, spazio che volle soprattutto per gli esuli costretti, dopo la guerra, a lasciare la terra di Dalmazia e dell'Istria, trovando tante città italiane chiuse al loro ingresso. La Pira li accolse e, nell'inaugurazione dell'Isolotto, usò questi termini: «Ogni città racchiude in sé una vocazione e un mistero». Credo che queste due parole applicate alla città non ci sorprendano più. Quando le dico a Firenze, i fiorentini che, come sapete, sono un po' dissacranti, commentano: «Ma, *'o che rifai il verso* a La Pira?»:

> Amatela come si ama la casa comune destinata a noi e ai nostri figli. Custoditene le piazze, i giardini, le strade, le

> scuole... fate che il volto di questa vostra città sia sempre sereno e pulito. Fate soprattutto di essa lo strumento efficace della vostra vita associata: sentitevi attraverso essa membri della stessa famiglia: non vi siano fra voi divisioni essenziali che turbino la pace e l'amicizia.

Il sindaco La Pira ha fatto questo discorso non in una parrocchia, ma in una piazza del quartiere. Per questo, Luzi ricorda «la città degli ardenti desideri che fu Firenze allora» e, memore di queste parole, può invitare ancora oggi i suoi concittadini a stringersi la mano. Di questo stringerci la mano, noi Chiesa dobbiamo essere ispiratori, testimoni, senza incoerenze, senza paura, senza ripiegamenti, in ascolto del Vangelo, perché la città è anche abitata da tante divisioni. Cito ancora Rosito:

> Oggi alcuni urbanisti, in tante città del Sud America, propongono la costruzione di funivie che permettono di sorvolare i quartieri più poveri: una sorta di strumento che taglia la città allo sguardo e al contatto con le zone più difficili, più sofferte.

Capite che ingegneria dell'individualismo e che urbanesimo dell'egoismo siamo stati capaci di creare? Vincenzo Rosito, giustamente, contrappone un altro modello: quello tipicamente nostro, del popolo di Dio nella sua semplice genuinità, il modello delle processioni, «rappresentazioni corali – egli dice – di una comunità di sequela». Tutto il contrario delle funivie che sorvolano dall'alto i quartieri poveri per evitare di incontrare il traffico, l'odore cattivo, la provocazione che il misero è per la mia coscienza. La processione, dunque, come pratica collettiva di attraversamento. Chi vi prende parte vuole percorrere le strade della vita ordinaria, entrare in contesti che solitamente non visita o che non sono normalmente offerti agli sguardi dell'intera comunità. Tutti devono sentirsi visitati. Tutti attendono che la comunità scorra e attraversi, almeno per un giorno all'anno, i quartieri più distanti e marginali. Del resto, a Natale che cosa abbiamo festeggiato se non la grazia e il mistero del tutto immeritato di questo nostro mondo ancora visitabile dal *logos*, che si fa carne per venirci incontro? Chi siamo noi per selezionare ed escludere i non visitabili?

Ecco la testimonianza a favore di un urbanesimo evangelico, di un volto umano della vita urbana, perché la città – lo ha ricordato papa Francesco ai sindaci, ricevuti da lui il 30 settembre del 2017 – è un «organismo vivente, un grande corpo animato», dove, se una parte respira a fatica, è anche perché non riceve da altre ossigeno a sufficienza. È la città degli incontri, dell'amicizia, della fraternità, della tradizione di una Chiesa ispirata dal gesto umile e coraggioso di stringerci la mano.

Voglio concludere con due riferimenti: uno schiude all'infinito, alla vita eterna, e propone un segreto della vita monastica, che sa benissimo quanto costi vivere insieme. Il nostro cuore, infatti, per sua immediata istintività, è portato a estendere i propri confini e le proprie esigenze a spese dell'altro. C'è bisogno di un'educazione evangelica generata dallo Spirito, per vincere questa istintività. La prospettiva ci schiude niente di meno che la vita eterna, l'eterna comunione con la Santissima Trinità. Per questo, san Benedetto, nel bellissimo capitolo LXXII,3-12, che è una sorta di summa dell'intera *Regola*, raccomanda uno "zelo buono", che i monaci devono coltivare con il più ardente amore. «Si prevengano nello stimarsi a vicenda»; li conosce bene, Benedetto, i monaci e, per questo, ritorna con insistenza sull'argomento: «Sopportino con instancabile pazienza le loro infermità fisiche e morali, facciano a gara nell'obbedirsi a vicenda». C'è l'obbedienza all'abate – certo – ma c'è anche un'obbedienza, si direbbe, "circolare, fraterna", in cui i monaci devono fare a gara nell'ascoltarsi, nell'*ob-audire*.

> Nessuno cerchi il proprio vantaggio, ma quello degli altri; amino con cuore casto tutti i fratelli; temano Dio con trasporto d'amore; vogliano bene al loro abate dimostrandogli una carità umile e sincera; nulla assolutamente antepongano al Cristo ed egli ci conduca tutti insieme alla vita eterna.

Immaginarsi come comunità, tutti insieme, nella vita eterna, dopo una vita in cui talvolta può succedere – anche in monastero – di mandarsi poco elegantemente "a quel paese", è una sfida, una consolazione, una speranza meravigliosa. È quello che già viviamo adesso nella liturgia, nel lavoro, nella fatica del quotidiano, nelle gioie e nei dolori. E oso dirlo anche a voi come Curia romana: il Signore ci conduca tutti insieme alla vita eterna. Tutti insieme. Tutti insieme.

L'altro riferimento non può che essere un meraviglioso inno all'amicizia, anch'essa schiusa verso gli estremi confini del mistero e dell'eternità, in una contemplazione della maternità di Maria, con cui Mario Luzi canta la vita:

Amici ci aspetta una barca e dondola
nella luce ove il cielo s'inarca
e tocca il mare, volano creature pazze ad amare
il viso d'Iddio caldo di speranza
in alto in basso cercando
affetto in ogni occulta distanza
e piangono: noi siamo in terra
ma ci potremo un giorno librare
esilmente piegare sul seno divino
come rose dai muri nelle strade odorose
sul bimbo che le chiede senza voce.

Amici dalla barca si vede il mondo
e in lui una verità che precede
intrepida, un sospiro profondo
dalle foci alle sorgenti;
la Madonna dagli occhi trasparenti
scende adagio incontro ai morenti,
raccoglie il cumulo della vita, i dolori
le voglie segrete da anni sulla faccia inumidita.

Le ragazze alla finestra annerita
con lo sguardo verso i monti
non sanno finire d'aspettare l'avvenire.

Nelle stanze la voce materna
senza origine, senza profondità s'alterna
col silenzio della terra, è bella
e tutto par nato da quella.

«LE SUE BANDIERE DI PACE E D'AMICIZIA»

14 marzo – mattina

Per amore di Sion non tacerò,
per amore di Gerusalemme non mi concederò riposo,
finché non sorga come aurora la sua giustizia
e la sua salvezza non risplenda come lampada.
Allora le genti vedranno la tua giustizia,
tutti i re la tua gloria;
sarai chiamata con un nome nuovo,
che la bocca del Signore indicherà.
Sarai una magnifica corona nella mano del Signore,
un diadema regale nella palma del tuo Dio.
Nessuno ti chiamerà più Abbandonata,
né la tua terra sarà più detta Devastata,
ma sarai chiamata Mia Gioia
e la tua terra Sposata,
perché il Signore troverà in te la sua delizia
e la tua terra avrà uno sposo.
Sì, come un giovane sposa una vergine,
così ti sposeranno i tuoi figli;
come gioisce lo sposo per la sposa,
così il tuo Dio gioirà per te.
Sulle tue mura, Gerusalemme,

ho posto sentinelle;
per tutto il giorno e tutta la notte
non taceranno mai.
Voi, che risvegliate il ricordo del Signore,
non concedetevi riposo
né a lui date riposo,
finché non abbia ristabilito Gerusalemme
e ne abbia fatto oggetto di lode sulla terra.
Il Signore ha giurato con la sua destra
e con il suo braccio potente:
"Mai più darò il tuo grano in cibo ai tuoi nemici,
mai più gli stranieri berranno il vino
per il quale tu hai faticato.
No! Coloro che avranno raccolto il grano,
lo mangeranno e canteranno inni al Signore,
coloro che avranno vendemmiato
berranno il vino nei cortili del mio santuario.
Passate, passate per le porte,
sgombrate la via al popolo,
spianate, spianate la strada,
liberatela dalle pietre,
innalzate un vessillo per i popoli".

Ricorro al capitolo 62,1-10 di Isaia, a come egli descrive, con indole profetica, lo splendore di Gerusalemme. Una rappresentazione che ci avvicina alla meta ormai imminente di questi giorni di esercizi: la città posta sul monte, che contempleremo nelle prossime meditazioni, ove fare quasi ideale ed escatologico ingresso, così da vivere già ora questa intonazione sponsale presente nei versetti di Isaia. Mi piace questa indole sponsale come percorso che ci avvicina all'incontro con il Signore Risorto, il nostro sposo, al termine di questo faticoso cammino quaresimale. L'immagine della Gerusalemme descritta da Isaia non è quella di una città ideale, ma è semmai, non per un banale gioco di parole, un ideale di città. Splendido è l'invito a tenere bene aperte le porte: «Passate, passate per le porte, sgombrate la via al popolo». Porte aperte come lo saranno quelle di Apocalisse (22,5), che «non si chiuderanno mai durante il giorno perché non vi sarà più notte».

Grandiosa l'immagine delle porte spalancate affinché tutta l'umanità vi possa finalmente accedere, così da incontrare e sperimentare la grande promessa di Dio che si fa realtà, il futuro che si fa presenza di luce, di amore, di pace e di giustizia per tutti coloro che si incamminano verso il volto del Signore, guidati dalla sua Parola. Antitetica a questa prospettiva è la costruzione di ogni muro, muraglia, baluardo che non abbia in sé una porta ospitale e invitante. Roberto Mancini ha pubblicato un piccolo saggio, *La scelta di accogliere*[23], che si conclude con questa affermazione lapidaria: «I muri imprigionano chi li costruisce». Ne era ben consapevole Giorgio La Pira. Per questo, senz'altro memore dei citati versetti di Isaia – «Innalzate un vessillo per i popoli» –, volle e desiderò ardentemente che la sua città tornasse a essere, come lo era sta-

[23] Qiqajon, 2016.

ta Gerusalemme, un «vessillo di speranza, di gioia e di pace». È questa memoria del sogno lapiriano di una Firenze luogo di attrazione universale, vessillo di speranza per l'umanità intera, nella ministerialità di una bellezza capace di restituire una misura alta e autenticamente evangelica della dignità di ogni condizione umana, a essere evocata da Luzi: «Levò alto i pensieri, / stellò forte la notte, / inastò le sue bandiere / di pace e d'amicizia / la città dagli ardenti desideri / che fu Firenze allora...». Un ricordo che il poeta ci invita ad attualizzare oggi, già abbiamo visto in quale modalità: stringendoci la mano «sugli spalti di pace, nel segno di San Miniato». La nostra abbazia, infatti, è circondata da mura, costruite niente di meno che da Cosimo il Grande per difendere il suo ritorno in città dopo la breve parentesi della Repubblica fiorentina, dal 1529 al 1530. Quale singolare paradosso: un monastero racchiuso in una fortezza! Tuttavia, il ritorno del monaco, dopo il necessario esilio nel periodo di uso militare di quella geografia della grazia lapiriana, ha trasformato e vuole trasformare, con l'accoglienza di tutta la città evocata da Mario Luzi, quei baluardi di attacco e di difesa in spalti di pace. Si tratta di una radicale trasfigurazione: attraverso di essa vorremmo introdurci a questa nostra meditazione, dopo aver noi messo a fuoco il tema della fraternità nel cuore della Chiesa (e anche attraverso la nostra testimonianza nel cuore della città). Così possiamo schiuderci all'altro, all'ospite, al pellegrino, ma anche al potenziale nemico, a colui che le nostre paure trasformano in minaccia, in rischio.

Tornano assolutamente attuali le parole con cui sempre La Pira scriveva nel 1959 alla misteriosa abbadessa dell'imprecisato monastero:

> Cosa deve dare il sindaco di Firenze (cristiana) se vuole operare in conformità alla missione cristiana della città di cui è capo? Cosa deve fare? Ecco: rilanciare da questa «terrazza della civiltà cristiana», in tutte le direzioni del mondo, le speranze più alte della grazia e della civiltà! Speranze di pace, speranze civili, speranze di Dio e speranze dell'uomo!

Bellissima questa quadruplice scansione, che mette insieme la pace, la civiltà, il mistero di Dio, e anche il mistero dell'uomo. E La Pira si domanda:

> La crisi di popoli sta nel pericolo tremendo di una nuova guerra scardinatrice di ogni città e di ogni nazione? Ebbene: siano i popoli «convocati» – per così dire – in questa città della pace [...] e da essa parta un messaggio sempre rinnovato di pace e di speranza.

Il Santo Padre ci ha avvertito del fatto che stiamo vivendo una Terza guerra mondiale a puntate, a frammenti laceranti in tante parti del pianeta. E trovo bellissimo, profetico, ma anche profondamente attuale l'appello del sindaco a fare di Firenze, ma in realtà di ogni città, il luogo di accoglienza da cui si rinnovi un messaggio di pace e di speranza. Questo è un compito che La Pira attribuisce al suo servizio di uomo politico, ma è un servizio che la Chiesa non può che caldeggiare, desiderare, proporre e testimoniare nel nostro tempo ai sindaci e agli uomini politici di tutto il mondo. Perché la città davvero torni a essere, secondo la prospettiva che Isaia ci fa sognare, un «vessillo per tutti i popoli». Firenze non potrà mai dimenticare di essere città fondata sui monti santi dell'orazione; città che, senza le radici mistiche a lei donate dai suoi monasteri di clausura e dai suoi santi, non sarebbe quella che è: luogo della contemplazione e della bellezza teologale, vessillo di speranza, di gioia e di pace per l'intera civiltà cristiana e umana. Ciò è molto importante: La Pira riconosce che il servizio che Firenze può offrire in ordine alle città e alle nazioni di tutto il mondo – essere una rinnovata e ritrovata capitale della pace e della giustizia – è possibile solo se, nelle sue fibre più intime, essa conoscerà il mistero della preghiera, della contemplazione, dell'orazione. Il sindaco, attraverso la badessa cui si rivolge, di fatto chiama in causa ciascuno di noi. Come possiamo auspicare pace per il mondo intero, se non invochiamo quello spirito di unità che san Giovanni Paolo II ci ha ricordato come necessario a custodire nelle nostre comunità ecclesiali il dono fragilissimo – in realtà preziosissimo, ma fragilissimo – della concordia, dell'unità, della fraternità e della pace? Ciò vale per ogni città dove la Chiesa deve essere fermento, testimonianza, possibilità.

Ecco perché, ancora una volta, devo ricorrere a un bellissimo testo, quell'*Humana Communitas* – che raccomando alla vostra personale lettura – con cui il Papa ha scritto al presidente della Pontificia Accademia per la Vita, monsignor Paglia, in occasione del XXV anniversario della sua istituzione. Al n. 4, papa Francesco scrive: «Il popolo cristiano, raccogliendo il grido delle sofferenze dei popoli, deve reagire agli spiriti negativi che fomentano la divisione, l'indifferenza e l'ostilità». Sono parole che abbiamo già incontrato. Deve farlo, il popolo cristiano, non soltanto per sé, ma per tutti. E deve farlo subito, prima che sia troppo tardi.

> La famiglia ecclesiale dei discepoli, e di tutti gli ospiti che cercano in essa le ragioni della speranza, è stata seminata sulla terra come "sacramento dell'intima unione con Dio e dell'unità di tutto il genere umano" (*Lumen Gentium*, n. 1).

Davvero la Chiesa è seminata sulla terra come «sacramento dell'intima unione con Dio», nella verticalità, ma anche per l'orizzontalità auspicata e desiderata dal sogno creativo di Dio: l'unità di tutto il genere umano.

Come sentirci dispensati da questa prospettiva? Trovo molto bello che il Santo Padre parli anche di tutti coloro che cercano in essa le ragioni della speranza, invitandoci a una Chiesa ospitale, che schiuda le sue porte anche a chi magari fatica, per il momento, a aderire in pienezza a tutto quello in cui noi crediamo e in tutto quello che noi celebriamo. Sono anche costoro, mossi da un desiderio, da un pungolo, da una inquietudine, coloro ai quali dobbiamo offrire quel banchetto desiderabile nel quale ritrovare il senso e la speranza della loro condizione umana. Ecco perché il Papa prosegue con un'espressione molto bella: la «riabilitazione della creatura di Dio alla lieta speranza della sua destinazione deve diventare la passione dominante del nostro annuncio». La «riabilitazione della creatura di Dio»: questa nostra contemporaneità, con le sue oggettive patologie – lo diciamo con sofferenza, non per facile giudizio, ma con lucidità evangelica – deve sentirsi riabilitata. Nessuno è escluso da questa prospettiva. Abbiamo già indicato come l'uomo non esista per necessità e in vista di un bisogno: l'uomo esiste perché generato dal desiderio di Dio, dunque dalla Sua libertà e dal Suo amore. Perciò deve riscoprire l'indole speranzosa, la creatività, la fatica ma anche la gioia; in questo, la Chiesa deve accompagnare l'umanità che deve riscoprirsi desiderata e, direi anche, desiderabile. È urgente che gli anziani credano di più ai loro sogni migliori e che i giovani abbiano visioni capaci di spingerli a impegnarsi coraggiosamente nella storia. È questo un tema sul quale tante volte ho insistito e che rappresenta molto bene anche quanto si legge nel messaggio che papa Francesco offre alla nostra meditazione: qui, in questa Chiesa, i giovani devono caricarsi dei sogni dei nostri anziani, in quella *traditio*, in quella consegna, che è vitale per la Chiesa ma è vitale, soprattutto per il futuro dell'umanità intera.

Al n. 5 di questo bellissimo messaggio ci sono proposte anche alcune domande. Ve le rimando, perché ognuna di essa può diventare un tema di confronto, di esame di coscienza, di meditazione e, possibilmente, di conversione. Siamo consapevoli di aver incontrato difficoltà nella riapertura di questo orizzonte umanistico anche in seno alla Chiesa. Parlo di quell'umanesimo in Cristo – evocato all'inizio della prima meditazione – che trova, nel contesto naturale artistico di Firenze, un'espressione altissima, non unica, non esclusiva, ma certamente molto eloquente e che facciamo qui riecheggiare di fronte a queste domande:

> Siamo consapevoli di avere incontrato difficoltà, nella riapertura di questo orizzonte umanistico, anche in seno alla Chiesa. Per primi, dunque, ci interroghiamo sinceramente: le comunità ecclesiali, oggi, hanno una visione e danno una testimonianza all'altezza di questa emergenza dell'epoca presente? Sono seriamente concentrate sulla passione e sulla gioia di trasmettere l'amore di Dio per l'abitare dei suoi figli sulla Terra? O si perdono ancora troppo nei propri problemi e in timidi aggiustamenti che non superano la logica del compromesso mondano? Dobbiamo seriamente domandarci se abbiamo fatto abbastanza per offrire il nostro specifico contributo come cristiani a una visione dell'umano capace di sostenere l'unità della famiglia dei popoli nelle odierne condizioni politiche e culturali. O se addirittura ne abbiamo perso di vista la centralità, anteponendo le ambizioni della nostra egemonia spirituale sul governo della città secolare, chiusa su sé stessa e sui suoi beni, alla cura della comunità locale, aperta all'ospitalità evangelica per i poveri e i disperati.

Lasciatemela ribadire ancora, questa alternativa che ci troviamo di fronte, perché qui si gioca l'autenticità della nostra missione evangelica:

Abbiamo perso di vista la centralità di questo problema anteponendo le ambizioni della nostra egemonia spirituale sul governo della città secolare, chiusa su se stessa e sui suoi beni alla cura della comunità locale, aperta all'ospitalità evangelica, per i poveri e i disperati.

Sono due le parole fondamentali che devono abitare il cuore della nostra inquietudine ispirata dal Vangelo. La prima è: *cura*, una delle parole più importanti del lessico del pensiero laico, della contemporaneità. Penso a tutti coloro che si impegnano nell'esperienza della sofferenza dei malati, del lenire il dolore di chi è in qualsiasi genere di afflizione psicologica e fisica. La seconda: *ospitalità*, nel senso di apertura al mistero che, come vedremo fra poco, per san Benedetto diventa un'attitudine di fede, di speranza e di amore irrinunciabile per quel frammento di Chiesa che deve essere il suo monastero.

> È tempo di rilanciare una nuova visione per un umanesimo fraterno e solidale dei singoli e dei popoli. Noi sappiamo che la fede e l'amore necessari per questa alleanza attingono il loro slancio dal mistero della redenzione della storia in Gesù Cristo nascosto in Dio fin da prima della creazione del mondo (n. 6).

Qui il Papa non manca di svelarci le radici da cui può germogliare il nuovo umanesimo di cui la Chiesa vuole farsi insonne testimone.

Ed è appunto la consapevolezza di un disegno salvifico reso possibile dal mistero pasquale del Signore Gesù, dalla sua obbedienza al Padre, dal suo donarsi senza riserve facendoci giungere il soffio, il respiro del suo Spirito Santo che diventa uno slancio, un alito col quale non interrompere, non alterare, non mortificare la forza di amore, che dall'epicentro pasquale si dilata senza confini nel tempo e nello spazio.

Trovo molto bella la sottolineatura cristologica che il Papa ci offre in questo passaggio, dove utilizza, tra l'altro, un altro concetto pure ormai famigliare in questi esercizi: abbiamo bisogno di radicare in Cristo e nel suo amore il nostro sguardo di fede, la nostra visione. Un radicamento, quello in Cristo, che schiude il nostro piccolo cuore a dimensioni universali, come universale è il disegno salvifico del Padre celeste attraverso Gesù; come sconfinati e universali sono, pur dalla piccolissima Firenze, lo sguardo e l'attenzione politica e cordiale del sindaco La Pira. Radicarsi nell'amore di Cristo non può che invitare il nostro cuore ad amare l'altro, l'uomo, il prossimo, l'umanità. Con limpida evidenza, pur con il suo consueto linguaggio teologico esigente, ce lo spiega Pierangelo Sequeri, ribadendo con rigore, come «il cristianesimo sia l'unica figura storica della forma religione che istituisce la prossimità dell'uomo con l'uomo alla stessa altezza della prossimità di Dio con l'uomo»[24]. Anch'egli cita Matteo

[24] P.A. Sequeri, *Gesù scandalo per le religioni dell'odio*, in «Avvenire», 6 febbraio 2012. Qui e per le seguenti citazioni dove non indicato diversamente.

25: «L'avete fatto a me». Quante volte abbiamo ascoltato questo Vangelo così inquietante, così difficile da assumere in tutta la sua radicale forza, in cui il Signore Gesù di fatto precipita nelle condizioni di debolezza che solitamente di fatto mantengono il nostro cuore indifferente, con il rischio tremendo evocato perché la nostra coscienza si converta a una vera e propria unità di *agape*, una vera e propria unità della prossimità cristiana. Mi permetto ancora di citare Sequeri:

> L'inedito cristologico del principio evangelico di prossimità brucia ogni oscura distanza fra l'intimità di Dio e l'amore per l'uomo, ed eccede l'ambigua opposizione del sacro e del profano, che rimane in ostaggio di quella distanza e delle sue ossessioni.

Vincenzo Fiorito ci aveva già indicato nelle processioni un modo evangelico di stare nella città: attraversare le strade ordinarie della vita della nostra gente, trasfigurandole, portandoci il segno della festa, dell'incontro, della gratuità, del mistero, della liberazione. Ma guai se una processione come quella del Corpus domini restasse solo ritualità; guai se non fermentasse nella logica eucaristica di radicale donazione. La città che visitiamo, la città che attraversiamo, la città che il Signore ci affida per servirla, non diventi come Sodoma, luogo inospitale dove i messi del Signore, gli angeli mandati a Lot, sono fatti oggetto di orrende violenze (cfr. Gen 19). Il principio evangelico di prossimità evocato con forza da

Pierangelo Sequeri, quando ci invita a superare una contrapposizione di comodo fra sacro e profano, trova una sua singolare esemplarità, attitudine, ministero e direi proprio consuetudine e vocazione nel monastero benedettino.

San Benedetto ha un bellissimo capitolo sull'accoglienza degli ospiti, dove tutto questo trova la giusta intonazione – quasi si direbbe profana – con i gesti concreti dell'amore, ma anche con la giusta indole del mistero, perché l'arrivo di un ospite "alla porta di una chiesa", alla porta di un monastero, alla porta di una città è sempre evento cristologicamente misterioso.

1. Tutti gli ospiti che giungono in monastero siano ricevuti come Cristo poiché un giorno egli dirà: «Sono stato ospite e mi avete accolto»,
2. e a tutti si renda il debito onore, in modo certamente particolare ai nostri confratelli e pellegrini.
3. Quindi appena viene annunciato l'arrivo di un ospite i superiori e i monaci gli vadano incontro manifestandogli in tutti i modi il loro amore.
4. Per prima cosa [è la radice del mistero] preghino insieme e poi entrino in comunione con lui scambiandosi la pace.
5. Questo bacio di pace non deve essere offerto prima della preghiera per evitare le illusioni diaboliche (*Regola* LIII,1-5).

Ho l'altro di fronte a me; e, certamente, avere un altro di fronte comporta dei rischi. San Benedetto è lucidissimo: non si tratta di un'ospitalità, si direbbe oggi, buonista; è un'ospitalità lucida, ma capace di accettare il rischio evangelico dell'amore. Essa corrobora l'uomo che si espone a questo rischio con l'unica forza che il credente ha e cioè la preghiera.

> 6. Nel saluto medesimo si dimostri già una profonda umiltà verso gli ospiti in arrivo o in partenza
> 7. adorando in loro, con il capo chino o il corpo prostrato a terra, lo stesso Cristo che così viene accolto in comunità (*Regola* LIII,6-7).

Vengono i brividi! «Lo stesso Cristo che così viene accolto nella comunità».

> 8. Dopo questo primo ricevimento gli ospiti siano condotti a pregare e poi il superiore o un monaco da lui designato si siedano insieme con loro.
> 9. Si legga all'ospite un passo della *Regola* per edificazione e poi tutte le attenzioni che può ispirare un fraterno e rispettoso senso di umanità (*Regola* LIII, 8-9).

Ecco l'*humanitas*, l'umanesimo che stiamo tornando a mettere a tema, per una testimonianza davvero evangelica per l'uomo, e che il Signore Gesù ci invita a raccontare e testimoniare al mondo.

> 12. L'abate versi personalmente l'acqua sulle mani degli ospiti per la consueta lavanda.

13. Lui stesso, poi, e tutta la comunità lavino i piedi a ciascuno degli ospiti
14. e al termine di questo fraterno servizio dicano il versetto: «Abbiamo ricevuto la tua misericordia, oh Dio, nel mezzo del tuo Tempio» [Sal 48,10] (*Regola* LIII,12-14).

Che cosa riconosciamo? Nell'arrivo dell'ospite c'è un grande dono che la misericordia del Signore ci fa per convertirci da ogni nostro ripiegamento autoreferenziale, per generare l'inquietudine con la quale donarci agli altri. Riconosciamo anche e soprattutto lo sconosciuto, nella decifrazione cristologica che Matteo 25 ci richiede, senza ambiguità, senza sconti.

15. Specialmente i poveri e i pellegrini siano accolti con tutto il riguardo e la premura possibile perché è proprio in loro che si riceve Cristo in modo tutto particolare e d'altra parte [qui san Benedetto è quasi ironico] l'imponenza dei ricchi incute rispetto già da sé (*Regola* LIII,15).

Credo non ci sia molto da aggiungere, se non sottolineare quale grazia pasquale vi sia in questo, con tutte le difficoltà, le responsabilità, la fatica. Benedetto ce lo sta dicendo: si tratta di perdere tempo per gli ospiti. Leggere con loro, dare loro da mangiare, lavare i piedi, lavare le mani. È tempo che va via, ma è la misericordia del Signore che ci visita: l'ospitalità è un evento pasquale. Forse saprete che san Benedetto, all'inizio della sua vita monastica, sta in un ritiro assoluto, in una sorta di solitudine, in una grotta. Così immerso nella solitudine che si dimentica che è arrivato il giorno di Pasqua. Il Signore se ne accorge, e gli manda un prete, con del cibo, perché si interrompano digiuno e solitudine. Quando Benedetto vede arrivare questo ospite, la sua espressione ci dà la misura di quale evento di mistero sia l'arrivo dell'ospite: «È davvero Pasqua perché ho avuto la grazia di vederti!»[25]. Si tratta di un passaggio dalla solitudine alla comunione, dal digiuno alla gioia fraterna della condivisione, dalla morte alla vita. Ecco perché l'ospitalità è scuola di misericordia, così tanto da far dire a Bernardo di Chiaravalle:

> Il misericordioso coglie la verità del suo prossimo, conformandosi a lui con simpatia, così da vivere le sue gioie e i suoi dolori come se fossero i proprî: debole con i deboli, pronto a gioire con coloro che sono felici e a piangere con coloro che piangono.

E un altro monaco cistercense, Aelredo di Rievaulx, a suo modo riecheggia:

> Riunisci il mondo intero nel profondo del tuo amore e lì, tutto insieme, contempla i tuoi fratelli uomini, gioisci per alcuni e piangi per gli altri. Lì fissa il tuo sguardo su coloro che soffrono, su coloro che sono oppressi e soffri insieme a loro. [...] A tutti apri un cuore pieno di amore, versa per loro le tue lacrime e offri le tue preghiere.

[25] Gregorio Magno, *Liber Dialogorum* II,1,7

È la prospettiva che fu propria dei martiri di Tibhirine. La loro testimonianza è la consapevolezza, per fare mie le parole di Christian de Chergé, che la

> pace fra i popoli è un dono di Dio fatto agli uomini di ogni luogo e di ogni tempo e spetta ai credenti, qui e ora, rendere manifesto questo dono inalienabile. [...] C'è una presenza del "Dio tra gli uomini" che proprio noi dobbiamo assumere. È in questa prospettiva che cogliamo la nostra vocazione a essere una presenza fraterna di uomini e di donne che condividono la vita di musulmani, di algerini nella preghiera, il silenzio e l'amicizia. Le relazioni chiesa /islam balbettano ancora perché non abbiamo ancora vissuto abbastanza accanto a loro. Dio ha tanto amato gli uomini che ha dato loro il suo Figlio, la sua chiesa, ciascuno di noi. «Non c'è amore più grande che dare la vita per i propri amici»[26].

In conclusione, abbiamo davvero molto da imparare dalle esigenze di una ospitalità radicalmente evangelica, per la città, per la Chiesa intera. Ancora risuonano le parole di papa Francesco, per le quali la forza della fraternità, che l'adorazione di Dio in spirito e verità genera fra gli umani, è la nuova frontiera del cristianesimo. Ogni dettaglio della vita del corpo e dell'anima, ove lampeggiano l'amore e il riscatto della nuova creatura che si sta formando in noi, sorprende, come vero e proprio miracolo di una Risurrezione già in atto. Il Signore ci doni di mol-

[26] Ch. de Chergé, *Riflessioni per la Quaresima, 8 marzo 1996*, in Comunità di Bose [ed.], *Più forti dell'odio. Gli scritti dei monaci trappisti uccisi in Algeria*, Piemme, 1997.

tiplicare questi miracoli! Ciò sarà possibile nella misura in cui facciamo nostra la logica, apparentemente perdente, dell'amore del Signore Gesù: una logica crocifissa, attraverso la quale si può però generare la Pasqua come bacio dello Spirito Santo, con il quale il Padre restituisce pienezza di vita a ciò che è reciso e tagliato. Ed è anche l'auspicio di una Chiesa che, come la grande cattedrale che Mario Luzi canta in *Opus Florentinum*, ha le porte perennemente aperte perché tutti, passandoci, sentano vivo il respiro incessante di quel soffio evangelico che ancora lo Spirito, nonostante le nostre resistenze, fa trascorrere nel cuore di ciascuno di noi. Dice la cattedrale:

> Vorrei fossimo uniti tutti insieme, figli miei per essere una roccia,
> su cui possa posare il piede
> chi arriva
> e prendere slancio per il volo.
> Perché questo ci è chiesto
> figli miei, di crescere
> nel tempo: questo ci giustifica.
> Abbiamo noi, chiesa cristiana,
> nei secoli, negli sconvolgimenti
> custodito il Verbo, trasmesso
> integro il Vangelo,
> ma non siamo qui soltanto
> per commemorare
> bensì per attuare.
> Attuare sempre più preziosamente il Verbo.
> Esso è fin dal principio

ma nella storia e della mente umana
durante intere epoche si eclissa,
si illumina in altre, di sé stesso rifulge per una luce
che ancora non conoscevamo.
Sia il millennio un allarme temporale
all'intemporalità che noi viviamo
da poveri, umilmente, giorno per giorno,
sia esso un incremento
senza fine del Verbo e del suo senso.
[...]
Sono qui, nel nome di Maria,
fiore delle chiese di Firenze
ferma nella sua storia e nel suo amore
che anche il disamore non disdice.
Mi scopro talune volte nuda
e deserta in mezzo alla città.
Su me sono la luna
o il sole: tutto l'altro del mondo non si vede,
ma è in me, in me vive, in me cuoce.
Ho rischiarato i tempi
umani e le passioni loro.
Oggi dalla loro oscurità vogliono gli uomini
dirmi grazie, ed ecco
mi incendiano con i loro fari.
Così apparirò dunque
più visibile ai sopraggiunti,
più vista: sarò cercata,
sarò protesa all'accoglienza,
io stessa, accogliente come devo.

Amen.

«CHE DURI E SI PROPAGHI»

14 marzo – pomeriggio

È lui che nel volger dei tempi ha stabilito la terra e l'ha riempita d'animali; lui che invia la luce ed essa va, che la richiama ed essa obbedisce con tremore. Le stelle brillano dalle loro vedette e gioiscono; egli le chiama e rispondono: «Eccoci!» e brillano di gioia per colui che le ha create. Egli è il nostro Dio e nessun altro può essergli paragonato. Egli ha scrutato tutta la via della sapienza e ne ha fatto dono a Giacobbe suo servo, a Israele suo diletto. Per questo è apparsa sulla terra e ha vissuto fra gli uomini (Bar 3,32-38).

Così il profeta Baruc. Così proclamiamo nella Veglia pasquale, quando ognuno, con le candele accese, si deve sentire piccola grande stella di luce che, grazie alla fiamma, al *lumen Christi*, ha finalmente spezzato quelle tenebre inaugurate dalla morte del Signore Gesù, il Venerdì Santo. Esse sono ormai superate, trasfigurate dal bagliore d'amore con il quale il Padre dona la forza, il respiro, il fuoco che spezza le pietre del sepolcro e riconduce alla pienezza della vita il Figlio prediletto. Perciò questi versetti di Baruc ci sembrano davvero la migliore intonazione per raccogliere anche nel nostro cuore l'immagine bellissima, poetica, con la quale Mario Luzi riconosce la «città dagli ardenti desideri, che fu Firenze allora», essere stata tutta un segno di speranza, non solo per la scelta di «inastare bandiere di pace e di amicizia», non solo per gli «alti pensieri», con i quali il sindaco La Pira e i suoi collaboratori donavano una consapevolezza nuova e antica allo stesso tempo; ma anche perché quel segno veniva dall'alto, da un firmamento pieno di stelle nella notte, un cielo da tornare a contemplare come monito e come consolazione del Signore.

Forse non esiste niente di più poetico di un firmamento colmo di stelle. Lo stesso san Francesco non può non riconoscere che le stelle sono ragione, motivo e strumento di lode: «*Laudato sii, mi Signore per sora luna e le stelle, / in celu l'ài formate clarite et pretiose et belle*». Questo «per», come ha definitivamente dimostrato Gianfranco Contini, non è solo prefisso di causa, ma anche di agente. Anche le stelle, quindi, per san Francesco, anche la luna sono agente, soggetto della lode che egli esprime. Come nel testo di Baruc, anch'esse sorgono per parlare, come i nostri cuori nella notte di Pasqua: «Eccoci, vogliamo salutare il Signore Gesù», la sua Pasqua di Risurrezione, epicentro di una speranza e di un amore che cambia radicalmente la storia, che cambia i cuori degli uomini, che apre prospettive inedite, di speranza. Non possiamo, infatti, in nessun modo sminuire la grande portata della Pasqua nella nostra vita personale, comunitaria ed ecclesiale. In questa prospettiva suona come eloquente contrasto, in tanta stagione della nostra contemporaneità, una poesia di Cesare Pavese, scritta in un suo soggiorno calabrese, nel 1932. Pavese è stato un autore importante della letteratura e della cultura italiana. Lo evoco qui perché questa sua visione del cielo, in tutto antitetica allo sguardo del profeta Baruc e del poeta Luzi, può esserci utile:

> Poi la notte, che il mare svanisce, si ascolta
> il gran vuoto ch'è sotto le stelle. I bambini
> nelle case arrossate van cadendo dal sonno
> e qualcuno piangendo. L'uomo, stanco di attesa,
> leva gli occhi alle stelle, che non odono nulla.
> Non c'è cosa più amara che l'alba di un giorno
> in cui nulla accadrà. Non c'è cosa più amara
> che l'inutilità. Pende stanca nel cielo
> una stella verdognola, sorpresa dall'alba.
> Vede il mare ancor buio e la macchia di fuoco
> a cui l'uomo, per fare qualcosa, si scalda;
> vede, e cade dal sonno tra le fosche montagne
> dov'è un letto di neve. La lentezza dell'ora
> è spietata, per chi non aspetta più nulla.
> Val la pena che il sole si levi dal mare
> e la lunga giornata cominci[27]?

Solo la bellezza del poeta riesce a trasfigurare una tale diagnosi del tempo e del cuore dell'uomo e di una condizione umana a dir poco drammatica. È una stagione

[27] C. Pavese, *Lo steddazzu*, in *Lavorare stanca*, Einaudi, 2001.

che si avvia verso l'esistenzialismo e che sta per conoscere il grande dramma della Seconda guerra mondiale. Vi prego di notare che cosa possa essere l'uomo stanco di attesa, che leva gli occhi a stelle che non odono nulla; al contrario, le stelle di Baruc immediatamente rispondono alla Parola del Signore per dirgli: «Eccoci».

Avete udito qual è la percezione del poeta: «Pende stanca nel cielo / una stella verdognola, sorpresa dall'alba». È una realtà per il cuore del poeta, là dove le cose sono come relitti che si muovono senza alcun senso, senza alcuna prospettiva. Ed è la percezione spietata di un tempo da cui non ci si aspetta più nulla. Credo che non si possa descrivere in modo migliore un cuore disperato e disperante. E se evoco questi versi, è per fare memoria di come possa essere ancora oggi, forse più che mai, il cuore di tante persone che attendono, invece. Nell'intimo, una possibilità nuova di tornare a guardare alla vita, in una prospettiva sinfonica, dove le cose – se ci sono – è perché sono il riflesso dell'amoroso e sapiente disegno della creazione: lì tutto è chiamato a esistere per ascoltare e corrispondere al disegno, al desiderio e all'amore creativo di Dio.

Occorre riscoprire, in questa prospettiva, quello che è il momento della giornata esistenzialmente più significativo per la condizione del cuore e dei pensieri della nostra contemporaneità. Mi sono perciò permesso di dedicare questa penultima meditazione alla notte, anzi al momento più importante della notte, particolarmente caro alla tradizione monastica: un momento in cui siamo invitati a quella vigilanza che il silenzio propizia, quando anche piccole luci nel cielo possono finalmente essere, se solo facciamo attenzione, il segno, l'indizio, la traccia di qualcuno che ci sta cercando. È la prospettiva carissima con la quale ogni anno, nella preparazione dell'Avvento, in monastero leggiamo un bellissimo brano di Giuliano di Vézelay, monaco benedettino:

> Ascoltiamo che cosa ci dice Dio nell'intimo dell'anima. Tacciano i movimenti della nostra carne e il chiasso importuno, taccia anche la nostra irrequieta fantasia, per ascoltare attentamente che cosa dice lo Spirito, la voce che viene dal cielo. Parla infatti continuamente alla nostra anima con lo Spirito di vita e si fa voce che ci spinge all'apice del nostro spirito; ma noi, distratti da altre cose, non lo ascoltiamo[28].

Bellissimo questo monito con cui Giuliano invita i suoi monaci, ma anche ciascuno di noi, a osare il silenzio, a osare la notte, a osare lo spazio fecondo di quella misteriosa contemplazione che riporta finalmente il nostro cuore, con l'aiuto del Signore, a un possibile, nuovo stupore. Ci accorgeremo, così – diversamente dal protagonista della poesia di Pavese –, che vale la pena attendere, se questa attesa è desiderio; vale la pena sollevarsi da terra e guardare verso l'alto, se riconosciamo nel firmamento un gran-

[28] Giuliano di Vézelay, *Discorsi per Natale*, 1. SC 192, 45s.

de messaggio di bellezza e di amore che il Signore ci dona per orientarci lungo le vie del mondo. È davvero importante fare silenzio, per tornare ad ascoltare in profondità quella Parola che il Signore non si stanca di proporci perché, come ci ricorda *Dei verbum* al n. 2: «Egli nel suo grande amore, parla agli uomini come ad amici e si intrattiene con essi per invitarli e ammetterli alla comunione con sé». Come potremmo perdere questo appuntamento di grazia? In questo modo, Abramo ascoltò la promessa e visse l'esperienza che lo rassicurava dell'alleanza che il Signore gli stava offrendo: «Guarda in cielo e conta le stelle se riesci a contarle. Tale – soggiunse – sarà la tua discendenza» (cfr. Gen 15). La notte di Natale non ha premiato forse proprio quei pastori che, diversamente da altri, vegliavano tutta la notte, facendo la guardia al loro gregge? E ancora, pensiamo ai magi, al versetto 10 del capitolo 2 del Vangelo di Matteo: «Al vedere la stella provarono una grandissima gioia». È stupendo come la scrittura ci doni questa possibilità di accorgerci dei segni, della Parola, della volontà di Dio, semplicemente sollevando lo sguardo, in un gesto di speranza, di contemplazione, a cui vorremmo rieducare soprattutto i nostri giovani che, non a caso, portano con sé nella notte il grande chiasso del giorno.

Tanti sindaci delle nostre città, non sapendo più che fare, hanno inventato la cosiddetta "Notte bianca": un modo di abitare la notte, riempiendola di tutta una serie di attività, di divertimento, di commercio, di svago. Che cosa segnala tutto questo, se non l'imbarazzo, l'incapacità a vivere la notte per quello che è: uno spazio di mistero, in cui entrare in punta di piedi, per accorgerci dei segnali apparentemente più deboli, ma in realtà più eloquenti e preziosi, che il Signore non si stanca di donare a chi riscopre inquietudine, desiderio e attesa.

Mi è cara una bellissima poesia di Antonio Machado:

Talvolta la mano, in sogno,
del seminatore di stelle
ha fatto risuonare la musica dimenticata
come una nota della lira immensa,
e l'onda umile alle nostre labbra venne
di poche parole sincere.

Si tratta di schiudere il nostro cuore a una contemplazione totale, integrale, autenticamente lirica: ognuno di noi deve riscoprire – lasciatemelo dire con passione fraterna – quel piccolo poeta che vive nel proprio cuore, come un fanciullo, capace di toccare il cielo con un dito e di comporre parole di libertà – che è una ritrovata creatività –, che lo Spirito non fa mancare a nessuno. Ciò può restituirci intuizioni inedite e, dietro di noi, può lasciare scie di bellezza, di leggerezza, di gratuità, di mistero. Anche a questa lettura sembra alludere un bellissimo passaggio in cui il nostro Papa ci insegna a contemplare la realtà in quanto tale, osservando il mistero di una natura che troppe volte mortifichiamo con logica di invadenza, di ingombro, di mortificazione. Nel n. 85 di *Laudato si'*, leggiamo:

Dio ha scritto un libro stupendo, le cui lettere sono la moltitudine di creature presenti nell'universo. I Vescovi del Canada hanno espresso bene che nessuna creatura resta fuori da questa manifestazione di Dio: «Dai più ampi panorami alle più esili forme di vita, la natura è una continua sorgente di meraviglia e di reverenza».

Meraviglia e reverenza, dunque. Dalla meraviglia, ci insegna Aristotele, nasce la filosofia, inizio della metafisica; dalla reverenza, dal timore di Dio, da una dimensione di contemplazione, ammirazione e gratitudine, nasce la fede.

Essa è, inoltre, una rivelazione continua del divino. I Vescovi del Giappone, da parte loro, hanno detto qualcosa di molto suggestivo: «Percepire ogni creatura che canta l'inno della sua esistenza è vivere con gioia nell'amore di Dio e nella speranza».

Ci saranno maestre, nella notte di Pasqua, proprio le stelle del profeta Baruc; anch'esse, rispondendo: «Eccomi», cantano un inno all'esistenza, da vivere con gioia, brillanti nell'amore di Dio, così da diventare per noi, come per Mario Luzi, «segno di speranza». Questa contemplazione del creato ci permette di scoprire un po' ovunque qualche insegnamento che Dio ci vuole comunicare.

Per il credente, contemplare il creato è ascoltare un messaggio, udire una voce paradossale e silenziosa.

Giuliano di Vézelay ci ha avvertito del fatto che i movimenti più confusionari del nostro cuore devono tacere, mentre disponiamo la nostra interiorità, l'apice dello spirito – egli l'ha definita, con linguaggio di sapore agostiniano – «all'ascolto della Parola del Signore». Noi conosciamo la brezza di vento leggero con la quale il Signore ci parla, mentre ci chiede proprio di decifrare quello stesso silenzio che deve aguzzare la nostra sete, la nostra ricerca della Sua Parola. Possiamo dire che, accanto alla Rivelazione propriamente detta (contenuta nelle Sacre Scritture), un'altra manifestazione divina abita lo sfolgorare del sole e il calare della notte. Prestando attenzione a questa manifestazione, l'essere umano impara a riconoscere se stesso in relazione alle altre creature. «Io mi esprimo esprimendo il mondo. Io esploro la mia sacralità decifrando quella del mondo», ci avverte in modo mirabile Paul Ricœur, citato da papa Francesco. «Io mi esprimo esprimendo il mondo. Io esploro la mia sacralità decifrando quella del mondo», ossia riconoscendo nella creazione il primo grande sacramento che il Signore offre alla nostra inquieta ricerca della Sua presenza e del Suo amore.

Abbiamo imparato in questi giorni, o perlomeno abbiamo cercato di imparare, attraverso la mia malferma parola, che cosa significhi la relazione fraterna, la relazione dell'accoglienza e della responsabilità, quando si debba custodire una città, una Chiesa. Ma la relazione importante – aggiungono per noi questi testi – è con tutte le creature, e passa attraverso uno sguardo verso l'alto, eucaristico, di piena gratitudine al Signore: Lui fa "stellare forte" anche la notte che stiamo passando in questi momenti non semplici della vita della Chiesa.

Ci ha educato a questa esperienza di ascolto radicale la parola di papa Benedetto. In un suo importante intervento alla Certosa di Serra San Bruno, in quel luogo votato a un silenzio radicale, egli ci ha detto che

> il progresso tecnico, segnatamente nel campo dei trasporti e delle comunicazioni, ha reso la vita dell'uomo più confortevole, ma anche più concitata, a volte convulsa. Le città sono quasi sempre rumorose: raramente in esse c'è silenzio, perché un rumore di fondo rimane sempre, in alcune zone anche di notte.

È un'altra consuetudine, questa, soprattutto dei nostri giovani, che non si staccano mai dai loro apparecchi musicali, siano essi la cuffia dell'i-pod o altre strumentazioni necessarie a creare un sottofondo che li dispensi dalla fatica, dall'inquietudine, ma anche dal mistero fecondo del silenzio. Se questo è un problema, soprattutto dei giovani della nostra Europa, in tante altre città del mondo la questione è anche più grave. Papa Francesco, in *Laudato si'*, ce lo ricorda al numero 44:

> Riscontriamo, per esempio, la smisurata e disordinata crescita di molte città che sono diventate invivibili dal punto di vista della salute, non solo per l'inquinamento originato dalle emissioni tossiche, ma anche per il caos urbano, i problemi di trasporto e l'inquinamento visivo e acustico.

[...] Non si addice ad abitanti di questo pianeta vivere sempre più sommersi da cemento, asfalto, vetro e metalli, privati del contatto fisico con la natura.

La migliore conclusione di questi esercizi spirituali è andare tutti stanotte a camminare fra gli alberi di Ariccia. Da lì ho contemplato, nelle sere precedenti, un firmamento che a Firenze non si vede più per l'inquinamento luminoso. Miriadi di stelle nascoste fra i tanti rami dei pini; un messaggio di amore, di bellezza che non vogliamo disperdere, perché questo mondo è il grande dono che il Signore fa al nostro cuore. Come è possibile evitare di decifrarlo? Come è possibile non usare i sensi che Lui ci dona, proprio perché diventino l'inizio di un grande viaggio verso il mistero che genera la luce?

Ci può aiutare, anche stavolta, la voce di una poetessa, Mariangela Gualtieri. Ella si mette alla ricerca del Signore: lo trova e non lo trova e forse anche in ciò a noi è utile, mostrandoci come lo Spirito possa ispirare talvolta versi di grande densità, anche teologica, in persone che si dichiarano non credenti:

Noi tutti non siamo solo
terrestri. Lo si vede da come
fa il nido la ghiandaia
da come il ragno tesse il suo teorema
da come tu sei triste
e non sai perché. Noi
nati, noi forse ritornati,
portiamo una mancanza

e ogni voce ha dentro una voce
sepolta, un lamentoso calco di suono
che un po' si duole anche quando
canta. Te lo dico io
che ascolto
il tonfo della pigna e della ghianda
la lezione del vento
e il lamento della tua pena
col suo respiro ammucchiato sul cuscino
un canto incatenato che non esce.
Ascoltare anche ciò che manca.
L'intesa fra tutto ciò che tace.

Sono versi che meritano un ulteriore sguardo, per essere assimilati in tutta la loro densità. Mi perdonerete, dunque, un rapidissimo commento. Trovo una grandissima intuizione, in questo riconoscerci non solo terrestri. Perché non siamo solo terrestri? Perché i nostri occhi riescono a guardare con stupore al modo in cui un uccello fa il nido. E ancora, a come un ragno fa la sua ragnatela. Sembra persino scontato. Noi crediamo per grazia e mistero di Dio nella pienezza della rivelazione – ciò è evidente – ma ci sono tantissime persone che potrebbero ripartire daccapo a cercare Dio, solo se permettiamo loro di guardare a una ragnatela e a un nido con uno sguardo di stupore; se li portiamo via dalle città fatte di vetro e di metallo, e proponiamo un giardino; se le trasciniamo via dalle città illuminate dalle "notti bianche" e le portiamo in un campo dove mostrare loro le costellazioni. Dobbiamo riconoscere, con un pochino più di umiltà, che tutti abbiamo una voce sepolta dentro di noi. Ciò vale anche per gli uomini di Chiesa – lasciatemelo dire con semplice fraternità –: non siamo perfetti, siamo e dobbiamo restare uomini, ognuno con la sua voce sepolta, «con un lamentoso calco di suono che un po' si duole quando canta».

Cos'altro ci insegnano i salmi, se non questo? Li cantiamo ma, tante volte, il nostro modulare è distratto; non si fa eco del loro dolore, perché è diventato meccanico; perché, noi per primi, non ascoltiamo più l'intonazione lamentosa di tanto nostro cuore, preoccupati come siamo di dover fare, di dover agire, di dover pianificare, di dover programmare. La poetessa – oggi siamo suoi allievi – ci dice queste cose, ascolta il tonfo della pigna e della ghianda, che sono rumori quasi impercettibili. E ancora: la lezione del vento e il lamento delle pene, con il nostro «respiro ammucchiato sul cuscino / un canto incatenato che non esce».

Anche noi viviamo delle notti insonni. Chi non passa una notte insonne? Quale grande scuola di disperazione e di speranza è una notte insonne; quale grande scuola di diffidenza e di fede è una notte insonne! Eppure, anche questa oggi possiamo evitarla, perché basta andare in farmacia, prendere le gocce, "drogarsi" (certamente, sono droghe necessarie, leggere, ammesse, lecite). Abbiamo sempre più paura ad abitare la notte e il suo rischio di vuoto e di deserto.

«Ascoltare ciò che manca», udire «l'intesa fra tutto ciò che tace»: è questa la sintesi di quanto, confusamente, ho cercato di dire.

«Ascoltare ciò che manca» significa riuscire a dare parola al silenzio, come tante volte la Scrittura ci invita a fare. Non è così banale e semplice stare in ascolto del Signore. Lo dobbiamo ammettere per noi stessi, dobbiamo dirlo alla nostra gente, che tante volte resta frustrata perché diamo per scontato quello che scontato non è! Costa ore e ore di vigilanza fare in modo che, dopo ore e ore di lectio, la Parola germogli in Parola di Dio.

E poi «udire l'intesa fra tutto ciò che tace». Questa sinfonia bellissima che san Francesco, Antonio Machado, il profeta Baruc, papa Francesco ci stanno educando a riscoprire, con la forza anche antropologica con la quale Paul Ricœur ci ha detto: «Io esploro la mia sacralità decifrando quella del mondo». È, questa, una prospettiva carissima alla tradizione monastica. San Bernardo di Chiaravalle lo dice senza mezzi termini. La sua migliore *lectio divina*, lui la fa nel bosco, contemplando la bellezza della creazione. Questa è la libertà di un uomo dello spirito come il grande Bernardo.

Vi voglio riportare ancora per un attimo nella Certosa di Serra San Bruno, dove nel 2011 papa Benedetto esortò non soltanto i monaci, ma la Chiesa intera, l'uomo contemporaneo, a non temere né il vuoto né il rischio che comporta il silenzio propizio all'incontro con Dio e alla comunione con l'umanità tutta intera. Disse allora:

> Ho voluto accennare a questa condizione socioculturale, perché essa mette in risalto il carisma specifico della Certosa, come un dono prezioso per la Chiesa e per il mondo, un

dono che contiene un messaggio profondo per la nostra vita e per l'umanità intera. Lo riassumerei così: ritirandosi nel silenzio e nella solitudine, l'uomo, per così dire, si "espone" al reale nella sua nudità, si espone a quell'apparente "vuoto" cui accennavo prima, per sperimentare invece la Pienezza, la presenza di Dio, della Realtà più reale che ci sia, e che sta oltre la dimensione sensibile. È una presenza percepibile in ogni creatura: nell'aria che respiriamo, nella luce che vediamo e che ci scalda, nell'erba, nelle pietre... Dio, *Creator omnium*, attraversa ogni cosa, ma è oltre, e proprio per questo è il fondamento di tutto. Il monaco, lasciando tutto, per così dire "rischia": si espone alla solitudine e al silenzio per non vivere di altro che dell'essenziale, e proprio nel vivere dell'essenziale trova anche una profonda comunione con i fratelli, con ogni uomo.

Queste parole le credo valide per tutti. Dobbiamo, con molta umiltà, riconoscere che c'è non solo un poeta, ma anche un piccolo monaco nel nostro cuore. Lo dico senza nessuna ideologizzazione neo monastica. Il monachesimo conosce oggi una crisi indubbia, oggettiva, che ci chiede più che mai una rinnovata attenzione allo Spirito per ravvivare i nostri carismi. Ma il vero problema è un altro: è avere l'umile coraggio di portare nel cuore del silenzio, nel cuore della notte, i nostri giovani, le persone che ci sembrano lontane, esporle ed esporci al rischio del vuoto, perché solo così la realtà può tornare, infine, ad avere un respiro di mistero e il senso di una potenziale comunione con Dio, Creatore di tutte le cose, e con tutti i fratelli. Questa comunione, solo l'amore pasquale del

Signore Gesù può donarcela, permettendoci di vincere ogni paura, ogni rassegnazione, ogni rifiuto, in quella stessa solitudine feconda che Gesù stesso nel Getsemani ha voluto sfidare, per imparare a essere Figlio fino in fondo, in obbedienza al Padre. Per questo trovo molto belle le parole stimolanti di una sociologa del nostro tempo, Danièle Hervieu-Léger, che ci dà alcune raccomandazioni importanti:

> La Chiesa deve essere pensata come percorso, e dunque la luce, i suoni, gli spazi devono essere narrazione di un itinerario, un cammino: quello dell'individuo immerso nel traffico e soggetto ai ritmi della vita d'ufficio. Lo spazio della Chiesa partecipa dei ritmi e degli spazi esterni, ma come luogo in cui questi possono essere sospesi: si entra e il tempo si arresta, il tempo è sospeso, si può recuperare un'interiorità attraverso la sospensione della ripetitività quotidiana che è peraltro quella della vita professionale.

I monasteri, in questo senso, devono essere una riserva di significato, di senso e di missione per il nostro tempo; devono essere luoghi dove – come diceva Thomas Merton – si entra nella diocesi della notte e nel ministero del silenzio: qui le persone, uscendo dalla griglia oggettiva della doverosità quotidiana, fatta di orari incalzanti, possono riscoprire la grazia di un tempo che si sospende e l'occasione di alzare lo sguardo verso il cielo, scoprendolo pieno di stelle. Non vi nascondo che talvolta è difficile dire di no a qualche giovane che fa squillare il telefono, sfidando il silenzio notturno, fondamentale nella vita monastica, per chiedere di andare in cima al campanile e da lassù provare a cercare di nuovo le stelle, in quell'orizzonte sconfinato che abbiamo imparato essere l'unico vero luogo possibile per l'infinito desiderio che Dio ha racchiuso nei nostri cuori, affinché perennemente sconfinino d'inquietudine in inquietudine, di luce in luce, di grazia in grazia.

Concludo lasciandovi contemplare questo mistero notturno nella poetica e bellissima pagina del ricordo di infanzia di un sacerdote scolopio, certamente non sospettabile di disimpegno, di spiritualità generica e lontana dalla storia. Alludo alla complessa figura fiorentina di adozione che fu padre Ernesto Balducci il quale, fra tante sue pagine importanti e anche audaci, sul tempo a lui contemporaneo e sulle grandi sfide di quella Chiesa che si preparava alla svolta del 2000, ci dona una pagina quasi elegiaca e onirica:

> La stanza in cui dormivo da piccolo aveva una finestra che dava su un dirupo (la casa è ancora lì, appollaiata sulle mura medievali) oltre il quale si alzava una breve cornice di poggi. Ai lati del dirupo, la lunga sagoma di un antico convento di Clarisse. Di notte, a più riprese, la campanella chiamava le monache a "mattinar lo sposo". Di tanto in tanto, mi capitava di scendere dal letto, al suono della campanella, per osservare nel buio accendersi una dopo l'altra le minuscole finestre delle celle e poi spegnersi. Ora mi spiego il fascino di quello spettacolo notturno, che mi godevo da so-

lo, quasi furtivamente. Era come se mi affacciassi all'altro versante della vita, dove il tempo ha ritmi diversi dal nostro, è come un tempo inutile, è il tempo dell'Essere, il tempo che gira su se stesso, col passo di danza, e non si cura del nostro, che è il tempo dell'esistere. Potrei dire che io, da quella finestra, non mi sono mai mosso.

Amen.

CONCLUSIONE

Vidi poi un nuovo cielo e una nuova terra, perché il cielo e la terra di prima erano scomparsi e il mare non c'era più. Vidi anche la città santa, la nuova Gerusalemme, scendere dal cielo, da Dio, pronta come una sposa adorna per il suo sposo. Udii allora una voce potente che usciva dal trono:

"*Ecco la dimora* di Dio con gli uomini!
Egli dimorerà tra di loro
ed essi saranno suo popolo
ed egli sarà il 'Dio-con-loro'.
E tergerà ogni lacrima dai loro occhi;
non ci sarà più la morte, né lutto,
né lamento, né affanno,
perché le cose di prima sono passate".
E Colui che sedeva sul trono disse: "Ecco, io faccio nuove tutte le cose"; e soggiunse: "Scrivi, perché queste parole sono certe e veraci. Ecco sono compiute!
Io sono l'Alfa e l'Omega, il Principio e la Fine.
A colui che ha sete

darò *gratuitamente* acqua della fonte *della vita*.
Chi sarà vittorioso erediterà questi beni;
io sarò il suo Dio ed egli sarà mio figlio".

Come compimento di questo nostro percorso non potevano esserci versetti più pertinenti che la mirabile estrema visione con la quale la fine delle Sante Scritture diventa l'Epifania del fine di tutta la storia dell'umanità. In un'intonazione sponsale, in una promessa certa e verace, l'autore di Apocalisse ci fa sognare e pregustare la piena e definitiva comunione di Dio con l'umanità intera, invitata a salire verso quella città, a desiderarla, ma anche di fatto ad anticiparla, nonostante le angustie della nostra storia, sovente sanguinaria.

Una speranza, questa, che è stata nel cuore del sindaco La Pira, ed è stata rievocata con forza, non come memoria nostalgica, ma come speranza disponibile per tutta una cittadinanza, dai versi di Mario Luzi che ci hanno accompagnato, per restituire al nostro cuore una visione generata dall'amore: quella di una città bellissima, di una comunione piena e definitiva, di pianti finalmente asciugati, di cose create e intrinsecamente rinnovate dall'amore e dalla pazienza di Dio.

Sintetizza tutto questo *Evangelii Gaudium* n. 71:

La nuova Gerusalemme, la Città santa (cfr. Ap 21,2-4), è la meta verso cui è incamminata l'intera umanità. È interessante che la rivelazione ci dica che la pienezza dell'umanità e della storia si realizza in una città.

Se l'esordio umano era stato in un giardino, il compimento pieno è in una città: segno che la vera vocazione e il vero mistero di una città – per far nostre ancora una volta le bellissime parole di Giorgio La Pira, quando inaugurò il quartiere dell'Isolotto – è quella comunione di relazioni che la rende "famiglia di famiglie". In questa prospettiva, il compito grande che resta al popolo santo di Dio, ai suoi pastori, a tutti coloro che avvertono la bellezza affidabile, plausibile, ragionevole, del fine così pieno di senso che Apocalisse oggi ci rivela, è misurare la distanza fra qui e quel tempo futuro promesso dal Signore. Esiste un solo metro, una sola misura, ce lo dice con grande passione il nostro sindaco, un solo filtro – egli dice – attraverso il quale devono essere distillati tutti i problemi umani collettivi storici, in ogni tempo, in ogni luogo, in ogni situazione storica. Eccolo qui, la Parola viva di Dio:

> Il metro eccolo: la Sacra Scrittura! Lo dico spesso, conversando, ai miei interlocutori: è inutile restare scettici; se è vero, come è vero, che la Sacra Scrittura è la Parola stessa di Dio, allora altro metro autentico non c'è per misurare validamente le cose degli uomini[29]!

[29] Il testo qui citato di Giorgio La Pira si legge anche in http://www.iisf.it/la_pira.htm.

Un metro, una misura: parole che abbiamo impiegato varie volte in questi giorni. Siamo desiderosi di ricevere, con la grazia dello Spirito Santo, uno sguardo che sappia misurare col metro della parola di Dio e, conseguentemente, in un orizzonte di speranza, questa nostra esistenza, tante volte ripiegata su un presente troppo statico e soffocante. E invece no: il nostro sguardo vuole allargarsi e allungarsi oggi verso Gerusalemme, città che il Signore non pone come scenario lontano e remoto dal nostro cuore. A noi è data la grande responsabilità di poter iniziare ad attuarla qui e ora, perché Dio ama le bellezze di tutte le città che lo accolgono, di tutte le civiltà che lo accolgono; e desidera che questo amore sia partecipato a tutti i popoli, in quanto la sua gioia sta nel piantare la sua tenda accanto alle tende degli uomini. È, questo, un evento di grazia iniziato col Santo Natale, ma che deve compiersi nella misura in cui, con la nostra carità, con i nostri desideri ardenti, lasciamo che davvero Dio possa essere il Dio con noi, che dimora con il suo popolo. Non possiamo lasciar sbiadire né smentire questa esperienza di comunione e di presenza che il Signore, attraverso la sua Chiesa, vuole donare all'umanità intera come fermento di pace, di giustizia e di unità. Questo, sul futuro, è uno sguardo escatologico che, nell'urbanistica di Firenze, si adempie proprio con la presenza silenziosa e colma di luminosa bellezza della nostra basilica: chiunque, alzando lo sguardo, può scorgere a oriente della città scendere dal cielo quella Gerusalemme celeste posta oltre le mura trecentesche con le quali Firenze si è difesa; ciò a dire che c'è una città ulteriore, non costruita da mani d'uomo, le cui fondamenta sono invisibili e abitano nel mistero dell'amore di Dio. Questo futuro deve ispirarci. La Pira fa una bellissima riflessione, nel 1953, sempre in quel dialogo già evocato con la badessa. Egli dice, con chiarissima intonazione pasquale:

> Se Cristo è risorto – come è risorto – e se gli uomini perciò, e le cose, risorgeranno, allora la realtà presente (temporale) è veramente un abbozzo della realtà futura (eterna). La realtà futura – cioè la persona umana risorta, la società umana risorta (la Gerusalemme celeste), il cosmo risorto (nuovi cieli e nuove terre) – è il modello sul quale va modellata la realtà presente.

Don Basilio Petrà, nella pagina da noi più sopra citata, aveva avvertito come la nostra vocazione viene dal futuro, da un Signore che ci chiama non standoci di spalle, ma guardandoci faccia a faccia, interrogando il nostro sguardo; così anche la realtà che dobbiamo costruire viene ispirata dal futuro. Un futuro che il Signore pone, grazie alla parola di Dio, come epifania affidabile e promettente per i nostri momenti di fatica, di disperazione e di rassegnazione, perché tutto fermenti e assuma quella misura di bellezza proposta dai nuovi cieli, dalle nuove terre, dall'uomo nuovo risorto che è il Signore, l'Adamo primo che costituisce la pienezza della nostra umanità. Riecheggiano qui alcuni fondamentali avvertimenti di *Gaudium et spes*, che ci insegna a trasferire nella vita del mondo, in una sorta di metabolismo di grazia e di responsabilità, quello che preghiamo e che contempliamo. Al n. 39 ci viene detto:

> Certo, siamo avvertiti che niente giova all'uomo se guadagna il mondo intero ma perde se stesso. Tuttavia l'attesa di una terra nuova non deve indebolire, bensì piuttosto stimolare la sollecitudine nel lavoro relativo alla terra presente, dove cresce quel corpo della umanità nuova che già riesce ad offrire una certa prefigurazione, che adombra il mondo nuovo.

Il nostro guardare verso l'alto non deve mai significare un tradimento verso la terra sulla quale si devono collocare i nostri piedi, per compiere concreti passi di fede, di speranza, di amore, di responsabilità e di comunione; e le nostre mani, per stringersi ad altre. In questa mistica comunione, si prefigura e si abbozza la grande speranza che il Signore riserva per l'umanità intera. Questa stessa speranza, noi non possiamo e non dobbiamo smentirla né attenuarla con la limitatezza dei nostri individualismi, col calcolo dei nostri particolari interessi. È questo l'orizzonte della Chiesa, coesa intorno al suo Papa; l'orizzonte delle singole Chiese intorno ai loro vescovi, in una dimensione itinerante, pellegrinante, quella di chi va in cerca del Regno con fedeltà, tenacia, pazienza; ma anche con lealtà filiale e fraterna: lo sottolineo, con lealtà filiale e fraterna!

Papa Benedetto XVI è stato ricordato, nella Lettera per la Giornata Mondiale per la Pace del 2019, da Papa Francesco, attraverso questa citazione di *Caritas in Veritate*, n. 7:

> Ogni cristiano è chiamato a questa carità, nel modo della sua vocazione e secondo le sue possibilità d'incidenza nella *polis*. [...] Quando la carità lo anima, l'impegno per il bene comune ha una valenza superiore a quella dell'impegno soltanto secolare e politico. [...] L'azione dell'uomo sulla terra, quando è ispirata e sostenuta dalla carità, contribuisce all'edificazione di quella universale città di Dio verso cui avanza la storia della famiglia umana.

Sentite come risuona anche nel magistero di papa Benedetto la prospettiva che ci dice la fatica, il *labor*: è, questa, una parola che volentieri uso, in accordo con la tipica spiritualità benedettina del lavoro, intesa come custodia di quel giardino che, fin da Genesi, il Signore affida alle mani e alla cura dell'uomo; e che, con l'ispirazione dello Spirito Santo, si trasfigura in carità verso il Creato, verso i viventi, senza tradire il loro futuro, edificando quell'universale città di Dio verso cui avanza la storia della famiglia umana, nessuno escluso.

È, dunque, l'intera famiglia umana che si muove, il più delle volte inconsapevolmente, verso un orizzonte promettente. Noi che, senza merito, per grazia e per mistero abbiamo ricevuto questa consapevolezza, come potremmo non contagiare quanti invece ne sono in qualche modo inconsapevoli?

Una parola di speranza voglio che risuoni in questa conclusione; ce la dona Papa Francesco, al n. 149 di *Laudato si'*. È vero, tante nostre città possono

> provocare una sensazione di sradicamento che favorisce comportamenti antisociali e violenza. Tuttavia mi preme ribadire che l'amore è più forte. Tante persone, in queste condizioni, sono capaci di tessere legami di appartenenza e di convivenza che trasformano l'affollamento in un'esperienza comunitaria in cui si infrangono le pareti dell'io e si superano le barriere dell'egoismo.

La Chiesa non può dispensarsi dall'essere fermento, testimonianza autentica e credibile di questo processo di amore, che accade nelle città se le sappiamo guardare con quello stesso occhio contemplativo di *Evangelii Gaudium*, di Riccardo di San Vittore, di Giorgio La Pira, di Mario Luzi: uno sguardo generato dalla carità per propiziare, riconoscere e coltivare gesti, anche se minoritari, di carità, nel cuore e nel ventre complesso delle nostre megalopoli. Per questo, nel suo *Caritas in veritate*, papa Benedetto scriveva: «La città dell'uomo non è promossa solo da rapporti di diritti e di doveri», cosa che è una grande e importante conquista della modernità. Nessuno rimpiange situazioni di premodernità, tuttavia c'è qualcosa che va ben oltre i grandi e complessi guadagni della modernità: «La città dell'uomo è promossa da relazioni di gratuità, di misericordia e di comunione» (n. 6).

Qui siamo interpellati noi, senza esclusione. Carità, misericordia e comunione sono *munera* che il Signore affida alla sua Chiesa e, per vie insondabili, fa arrivare a uomini e donne di buona volontà che magari nemmeno hanno conosciuto il Cristo. Noi che – ripeto – per grazia e per mistero, senza merito, abbiamo questo dono immenso che è la fede, come possiamo non sentirci toccati nel profondo da tale ministerialità, al fine di edificare una città dell'uomo che assomigli sempre di più alla città che Dio ha in serbo e in sogno per il nostro futuro? Ecco perché mi piace ribadire come Giorgio La Pira preparava la sua Firenze, in questa prospettiva, assumendo la dimensione del servizio politico quale sindaco, senza paura, con grande coraggio, senza temere quelli che, oggi, chiamiamo comunemente i poteri forti. Egli scriveva:

> Un sindaco che per paura dei ricchi e dei potenti abbandona i poveri – sfrattati, licenziati, disoccupati e così via – è come un pastore che per paura del lupo abbandona il suo gregge. Il Vangelo parla chiaro: nella scelta fra i ricchi ed i poveri; fra i potenti ed i deboli; fra gli oppressori e gli oppressi; fra i licenzianti ed i licenziati; fra coloro che ridono e coloro che piangono; la nostra scelta non ha dubbi: siamo decisamente pei secondi. E il perché è evidente: perché dove c'è un povero calpestato, dove c'è

un debole percosso, dove c'è un oppresso, offeso, dove c'è uno che soffre, ivi c'è il Signore: e dove c'è il Signore ivi siamo noi! E fermamente. Non si sbaglia mai quando si sbaglia per eccesso di generosità e di amore, si sbaglia sempre quando si sbaglia per difetto di comprensione e di amore.

Sono parole fortissime, con una pregnanza, un fermento direi quasi profetico e, nello stesso tempo, attento alle vicende delle strade disagiate della sua città. Ciò La Pira ha testimoniato in modo sovente incompreso, come tipica è la vicenda di tanti santi di ogni tempo, incompresi anche purtroppo da quella Chiesa che tante volte si accomoda su una presunta egemonia spirituale e culturale, senza assumersi la fatica, il *labor* "divino", che La Pira non ha scansato, costi quel che costi.

Ancora una volta facciamo risuonare *Gaudium et spes*, il suo incipit, che ci dice come sta a noi fare in modo che le città e le civiltà del nostro tempo accolgano Dio, nella misura in cui per prima la Chiesa – lasciatemelo dire senza paradossalità – Lo accoglie con le sue esigenze, affinché si sperimenti in modo tangibile che il Signore ha scelto di dimorare in mezzo a noi, anzitutto nel cuore della sua Chiesa umile e pellegrinante. «Le gioie e le speranze, le tristezze e le angosce» degli uomini di oggi, dei poveri e di tutti coloro che soffrono, sono pure le gioie, le speranze, le tristezze e le angosce dei discepoli di Cristo; e nulla vi è di genuinamente umano che non trovi eco nel loro, cioè nel nostro, cuore. La comunità cristiana infatti è composta da uomini, riuniti insieme nel Cristo e guidati dallo Spirito Santo nel loro pellegrinaggio verso il Regno del Padre. Oggi, per noi, essa ha davvero la forma mirabile, perennemente luminosa e dalle porte sempre spalancate, della *Gerusalemme Celeste*. Quegli uomini – non altri da noi – hanno ricevuto un messaggio di salvezza da proporre a tutti: perciò la comunità dei cristiani si sente realmente e intimamente solidale con il genere umano e con la sua storia. Con una espressione meravigliosa, citata anche nella *Spe salvi*, san Bernardo ci ha insegnato che «*Impassibilis est Deus, sed non incompassibilis*»: Dio non può patire, ma certamente compatisce. Il nostro essere solidali nei riguardi di tutti coloro che incontriamo in questo pellegrinaggio terreno, donne e uomini afflitti dal peso di una vita troppe volte segnata da disperazione e sofferenza, è precisamente il riflesso di questa compassione di Dio per l'umanità.

Si chiudono qui questi esercizi spirituali. Qualcuno si sarà un po' sorpreso, leggendo i titoli delle meditazioni, che io, monaco, portassi la città nel cuore del deserto quaresimale del ritiro della Curia romana. Ma mi è sempre stata cara la domanda di Jean Daniélou: «La spiritualità consiste nel diventare immateriali o piuttosto nell'essere animati dallo Spirito Santo?». E mi colpisce ancora la parola di Ireneo di Lione: «Gli uomini sono spirituali grazie alla partecipazione dello Spirito, non grazie alla privazione ed eliminazione della carne». Così come l'affermazione di Paul Ricœur: «Possono sopravvivere solo spiritualità che rendano conto della responsabilità dell'uomo, che diano un senso all'esistenza materiale, al mondo tecnico e in modo generale alla storia», quella storia che con uno sguardo pieno di amore – secondo la speranza lapiriana – abbiamo decifrato sotto strati di "cenere, polvere e marciume" – per usare l'espressione di Simone Weil – come una storia di salvezza. «Dovranno morire» dice ancora Ricœur «piuttosto le spiritualità di evasione e le spiritualità dualiste»[30], del tutto estranee alla prospettiva pienamente umana e pienamente divina che il Vangelo risveglia, con la forza dello Spirito Santo, nel cuore di ciascuno di noi.

Un altro grande teologo, François-Xavier Durrwell, ci ricorda a sua volta come lo Spirito Santo generi la dimensione dinamica verso la quale, attraverso l'immagine della *Gerusalemme Celeste*, mi sono permesso di prendere per mano ciascuno di voi. Egli dice: «Il fine già parzialmente raggiunto resta situato nel futuro dell'uomo, fino al giorno del Signore e della piena comunione con il Figlio. Un desiderio illimitato si risveglia, lo Spirito non soffoca il sospiro (Rm 8,26)»[31]. È quello stesso alito che accende la brace di cui ha parlato Mario Luzi. «Nel cristianesimo – continua Durrwell –, il desiderio è sacro, è la ripercussio-

[30] P. Ricœur, *Tâches de l'éducateur politique*, in «Esprit» 33 (1965) 2.
[31] F.-X. Durrwell, *Lo Spirito Santo alla luce del mistero pasquale*, Edizioni Paoline, 1985.

ne nel cuore della presenza dello Spirito e della sua comunione infinita. Lo Spirito e la sposa dicono "Vieni" (Ap 22,17)»[32].

In ogni caso, anche nell'incontro beato con il Cristo, il desiderio, pure colmato, non potrà mai spegnersi, perché lo Spirito in cui tutto si compie è un eterno inizio. Sembra quasi di risentire Guardini, che ci aveva invitato a riscoprire sotto le pieghe dell'immediatezza, personale, storica e reale, un possibile nuovo inizio, solo e soltanto se impariamo a fidarci un po' di più del grande fermento pasquale.

L'immagine riassuntiva diviene però quella suggerita da Franz Rosenzweig nella sua *Stella della redenzione*[33]: si tratta di una intuizione sul tempo e sulla vita, che direi lo Spirito Santo può attuare, può generare, può rendere dinamica nell'esperienza personale ed ecclesiale di tutti noi: «La vita, ogni vita, deve essere divenuta totalmente temporale, interamente vivente, prima di poter divenire vita eterna». È presunzione il ritenerci già angeli quando invece, per grazia di Dio, siamo quello che siamo. Ma all'esatta temporalità della pura vita, che è sempre esattamente nel punto giusto del tempo e giunge sempre al momento opportuno, non troppo presto e non troppo tardi, deve aggiungersi una forza di accelerazione. L'eternità deve essere accelerata, deve sempre poter venire già oggi. Solo così è eternità.

[32] Ibidem.
[33] Marietti, 1985.

La liturgia ce lo fa cantare tante volte: «*Oggi* è nato per noi. *Oggi* è sceso lo Spirito...». Il Vangelo è l'unico lievito – ce lo ha detto papa Francesco in *Evangelii Gaudium* n. 237 – «che fermenta tutta la massa»; il Vangelo è città che brilla sull'alto del monte illuminando tutti i popoli. L'equazione Vangelo e città adesso credo ci risuoni come una mirabile, complessa, impegnativa, difficile ma anche straordinaria avventura. Che il Vangelo sia città è davvero la grande speranza che lascio nel cuore di ciascuno, perché le strade in cui abitiamo possano essere il riflesso autentico di una luce che solo Cristo ha acceso nella storia degli uomini e delle donne di ogni tempo.

Vi sto per congedare. Mi permetto di restituirvi alla vostra città, ai vostri servizi, con le parole di san Giovanni Crisostomo, grande vescovo tentato lui pure da una sorta di straniamento dal mondo, per una eventuale influenza su di lui della grande tradizione neoplatonica:

> Se c'è ancora qualcuno stordito dall'antica filosofia, egli abbandona città e luoghi pubblici, cessa di vivere in mezzo agli uomini e di guidare altri, e raggiunge le montagne. Se glielo si chiede, si inventa un pretesto imperdonabile: "Me ne vado per non perdermi", si dice, "per non diventare meno forte nella virtù". Ebbene, non sarebbe meglio per te diventare meno forte ma conquistare gli altri piuttosto che restare sulle montagne a guardare con indifferenza i tuoi fratelli che si perdono[34]?

[34] Cit. in C.M. Martini, *Verso Gerusalemme*, Feltrinelli, 2002.

«*Lucrare animas*» dice san Benedetto nella *Regola*, nei consigli per il maestro, che deve "guadagnare le persone", perché non siano perse a causa della nostra indifferenza. È quello che successe anche a san Bernardo Tolomei, di cui porto indegnamente il nome, fondatore della famiglia monastica cui per grazia appartengo. Egli si era ritirato sul Monte Uliveto ma, quando la peste infierì nella città di Siena, senza esitazione lasciò il suo deserto sul Monte e andò nel deserto della città, per portarvi amore, consolazione, aiuto a tutti i cittadini. Morì laggiù, di peste, come martire della carità. Una testimonianza che assimilo volentieri all'altro martirio – quello dei monaci di Tibhirine –, nel loro ministero dello "stare con", del diventare nel cuore della città un segno riflesso di quella comunione che il Signore in realtà non si stanca di donarci.

Vi aspetto tutti a San Miniato e lo dico con il cuore. Non so se è prevista per la Curia romana una gita, una volta tanto. Io vi aspetto a San Miniato, perché passiate attraverso quello che sta scritto sulla soglia della Porta Santa: «*Haec est porta coeli*». È stata la sapienza di un vescovo, Ildebrando, 1000 anni fa, a volere ben oltre le mura chiuse della città che Firenze a oriente avesse una porta perennemente spalancata, perché vi ci passasse anzitutto il Signore e, poi, tutti quelli che, attratti dalla sua bellezza potessero scorgervi un riflesso della Gerusalemme Celeste.

Vi lascio – non potrei far diversamente – con una ultima poesia di Mario Luzi, significativamente intitolata "Augurio". Con essa riprecipitiamo nella vita del mondo, quella ordinaria, che solo il poeta sa trasfigurare, vedendo in una donna che riassetta la casa, sistema le piante del suo balcone, niente di meno che misteriosi eventi pasquali, che danno senso e speranza anche all'anonimato di una generica periferia, al cuore vivo, però, del mondo intero.

«Prega», dice, «per la città sommersa»
venendomi incontro dal passato
o dal futuro un'anima nascosta
dietro un lume di pila che mi cerca
nel liquame della strada deserta.
«Taci» imploro, dubbioso sia la mia
di ritorno al suo corpo perduto nel fango.

«Tu che hai visto fino al tramonto
la morte di una città, i suoi ultimi
furiosi annaspamenti d'annegata,
ascoltane il silenzio ora. E risvegliati»
continua quell'anima randagia
che non sono ben certo sia un'altra dalla mia
alla cerca di me nella palude sinistra.
«Risvegliati, non è questo silenzio
il silenzio mentale di una profonda metafora
come tu pensi la storia. Ma bruta
cessazione del suono. Morte. Morte e basta.»

«Non c'è morte che non sia anche nascita.
Soltanto per questo pregherò»
le dico sciaguattando ferito nella melma
mentre il suo lume lampeggia e si eclissa in un vicolo.
E la continuità manda un riflesso
duro, ambiguo, visibile alla talpa e alla lince[35].

Grazie di cuore!

[35] M. Luzi, *L'Opera poetica*, cit. La lirica apparve nel 1969 sulle pagine de «L'Approdo letterario».

INDICE

Stampa: Elcograf SpA - Cles (TN)